Esperanza en la oscuridad

Creer que Dios es bueno
cuando la vida no lo es

Craig Groeschel

AUTOR *BEST SELLER* DEL *NEW YORK TIMES*

La misión de Editorial Vida es ser la compañía líder en satisfacer las necesidades de las personas con recursos cuyo contenido glorifique al Señor Jesucristo y promueva principios bíblicos.

ESPERANZA EN LA OSCURIDAD
Edición en español publicada por
Editorial Vida – 2018
Nashville, Tennessee

© 2018 Editorial Vida
Este título también está disponible en formato electrónico.

Originally published in the U.S.A. under the title:
   Hope in the Dark
   Copyright © 2018 por Craig Groeschel
Published by permission of Zondervan, Grand Rapids, Michigan 49530.
All rights reserved.
Further reproduction or distribution is prohibited.

Editora en Jefe: *Graciela Lelli*
Traducción: *Andrés Carrodeguas*
Adaptación del diseño al español: *Mauricio Diaz*

ISBN: 978-0-8297-6934-0

CATEGORÍA: Religión / Vida cristiana / Crecimiento espiritual
IMPRESO EN ESTADOS UNIDOS DE AMÉRICA
PRINTED IN THE UNITED STATES OF AMERICA

18 19 20 21 22 LSC 9 8 7 6 5 4 3 2 1

Contenido

Tercera parte: Esperanza y gloria

Una carta al lector

Adrianne Manning es como parte de mi familia. Es la persona más extrovertida, colaboradora, animada y divertida que conozco. Lleva ya muchos años trabajando en mi oficina y siento un profundo afecto por ella y por su familia.

Un día, hace ya años, entró llena de alegría a mi oficina, resplandeciente de emoción. Venía danzando y gritando de tal manera que apenas podía hablar. Ella y su esposo Danny estaban esperando un hijo. Aquello era una respuesta a nuestras oraciones.

Nos abrazamos.

Lloramos.

Y nos volvimos a abrazar.

Sin embargo, cuando perdió a su bebé, hicimos exactamente lo mismo. Solo que las emociones eran muy diferentes y más profundas.

Nos abrazamos.

Lloramos.

Y nos volvimos a abrazar.

En mi función de pastor, veo muchas pérdidas. Nunca son fáciles, sobre todo cuando afectan a alguien muy cercano a nosotros. Además, hacemos lo que hace casi todo el mundo.

Le preguntamos a Dios: «¿Por qué? ¿Por qué permitiste que esto sucediera?».

Y fue por eso por lo que comencé a escribir este libro. Escribí. Escribí. Y seguí escribiendo. Y no le dije a nadie que estaba escribiendo. Ni a mi casa editorial. Ni a los demás miembros del personal. Ni a mis amigos. Solo escribí. En cada una de las palabras, tenía a Adrianne en la mente. Y no solo a ella, sino a todos mis conocidos que estaban pasando por un verdadero infierno sobre la tierra y no comprendían el porqué.

Si has leído alguno de mis otros libros, es posible que notes que este tiene un tono muy distinto. En mis escritos, uso el buen humor con frecuencia, porque la vida es demasiado seria. Creo que a Dios le encanta que nos riamos. Sin embargo, tal vez notes que no uso mucho humor en este libro, si es que uso alguno. Esto, sinceramente, se debe a que mi estado emocional era muy diferente cuando lo escribí. Quería entrar a profundidad en las cuestiones con las que tenemos que luchar en la vida y enfrentarme a algunos de los interrogantes de los cuales no solemos querer hablar.

Después de terminar el primer borrador del original, se lo di a leer a Adrianne. Le expliqué que era para ella. Se lo llevó a su casa y lo leyó entero de una sentada. Al día siguiente, cuando entró a la oficina, no habló. Lo que sucedió fue que…

Nos abrazamos.

Lloramos.

Y nos volvimos a abrazar.

Había pasado mucho tiempo antes que habláramos de la pérdida de su hijo. Y pasó más tiempo aún antes que le hablara a alguien acerca de este original. Por años, se mantuvo en silencio dentro de mi computadora, dentro de un oscuro archivo, mayormente olvidado. Entonces, años más tarde, cuando recibí malas noticias acerca de la salud de mi hija, decidí sacar a la luz ese original y mirarlo otra vez, ahora para mí mismo. Fue extraño que las palabras que había escrito para Adrianne ayudaran a consolar mi propia alma.

Después de orar sobre esto, decidí mostrarle el original a mi casa editorial. Los editores captaron la profundidad de mi emoción en las palabras que había escrito en aquellas páginas y creyeron que este mensaje podría ser de ayuda a otros.

De manera que me volví a meter en el original. Lo puse más al día; lo amplié. Este libro es el resultado de esa labor.

Solo para decirlo con claridad: este libro no es para todo el mundo. Si estás viviendo tus sueños, y estás en un punto elevado de tu vida espiritual, detente un momento para alabar a Dios por su bondad. Lo quiero celebrar junto contigo. Pero sinceramente, es probable que este libro no sea para ti, al menos en esta temporada de tu vida. Este libro es para los que están sufriendo. Para los que tienen dudas. Para los que temen que su fe les esté fallando. Para aquellos cuyo mundo se ha ido oscureciendo.

En cambio, si la vida se te está cayendo encima, si sientes que tu fe se ha ido estirando hasta llegar al punto de romperse, entonces este libro es para ti. Mientras lo lees, espero que tengas la valentía de entrar conmigo un poco en las angustias de este mundo. Espero que comprendas la razón por la cual escribí esto en un tono más serio y reflexivo. Espero que te aventures a ir más allá de tus límites conmigo para luchar con algunas de las preguntas que muchas veces los cristianos temen hacer. Espero que descubras las profundidades y las riquezas de la gracia de Dios que solo los valles de la vida nos pueden revelar.

Este libro es, en primer lugar, para mi buena amiga Adrianne.

Pero también es para todo el que esté sufriendo sin poder comprender el porqué.

Introducción

Cuando quieres confiar, pero la vida no te lo permite

«Yo *quiero* creer que Dios se preocupa por mí, de veras», me dijo ella, secándose las lágrimas que había debajo de sus ojos oscurecidos e irritados. Bajo las fuertes luces fluorescentes del corredor del hospital, Marci apenas se parecía a la joven llena de vida que yo recordaba, aquella muchacha que había visto crecer en el grupo de jóvenes de nuestra iglesia. Cuando Marci era adolescente, era extrovertida, amante de las diversiones y llena de vida, al mismo tiempo que iba adquiriendo una seriedad cada vez mayor con respecto a su fe, mientras llegaba temprano a sus reuniones del grupo de jóvenes y se quedaba hasta tarde. A nadie le gustaba más adorar a Dios y hablar sobre él, que a Marci.

Entonces, poco después de los veinte años, Marci conoció a Mark, un excelente joven cristiano con una personalidad carismática. Se enamoraron prácticamente de un día para otro después de conocerse y se casaron casi un año después del día en que se conocieron. La dinámica personalidad de Mark le era muy útil y le ayudó a conseguir un magnífico empleo en el campo de las ventas. Al cabo de poco tiempo, estaba ganando más dinero que la mayoría de los demás profesionales de su misma edad. Se compraron la casa de sus sueños y siguieron sirviendo juntos a Dios en nuestra iglesia, conscientes de que la vida no podría haber sido mejor para ellos.

Pero entonces sucedió algo.

Después de solo dos meses de intentarlo, se enteraron de que estaban esperando su primer hijo. Cuando nació Chloe, su bella bebé, mi esposa Amy y yo nos unimos a Mark y Marci en el hospital para agradecerle a Dios por sus bendiciones. Celebrar con ellos fue algo maravilloso; todos le dábamos gracias a Dios por aquella maravillosa familia que estaba haciendo crecer en su presencia.

En aquellos momentos, ninguno de nosotros habría podido ver ni un solo indicio de las grietas que podrían minar los fundamentos de su vida. Sin embargo, a medida que pasaban los años, el empleo de Mark le exigía que trabajara cada vez un número mayor de horas y que viajara con mayor frecuencia. Aun así, cuando regresó un día a su hogar e informó a Marci que la estaba dejando para irse con una de sus amigas más cercanas, ella no vio venir aquella situación. Devastada, Marci se encontró batallando en dos frentes a la vez, por un lado, lidiando con la traición de Mark y por otro tratando de formar como madre soltera una nueva vida para Chloe y para sí misma. El único consuelo que le quedaba era pensar que, al menos, las cosas no podrían ponerse peor de lo que estaban.

Hasta que eso ocurrió.

Chloe, que ya estaba en quinto grado, comenzó a perder peso con rapidez y a sentirse cansada todo el tiempo. Cuando comenzaron los dolores de cabeza y los mareos, una serie de pruebas reveló lo impensable: cáncer. En pocos meses, Chloe se fue marchitando, pasó de ser una niña popular y llena de salud a una paciente pálida confinada a una cama y atada a un respirador artificial. El cáncer devastaba sin misericordia su cuerpo ya débil. La quimioterapia no logró absolutamente nada. Sus médicos decidieron cambiar de enfoque y dedicarse a hacer todo lo que pudieran para que sus últimos días de vida fueran más confortables.

Mientras yo estaba allí parado en aquel lóbrego pasillo hospitalario, la incansable Marci que yo había conocido ya había desaparecido hacía mucho tiempo, devorada por aquella mujer derrotada y llena de cansancio. Estaba más que exhausta, más que deprimida, peligrosamente desanimada. Se aferraba con desesperación a todo aquello que se pareciera, aunque fuera remotamente, a esa fe sin límites que le solía ser tan fácil invocar. Pero su inquebrantable confianza en Dios no era ya más que un triste recuerdo. Respiraba hondo, para tratar de ahogar los sollozos. Mientras su triste mirada parecía atravesarme, necesité todas las fuerzas que pude reunir para mantenerme fuerte por ella.

Suspiró. «Yo querría creer *realmente* que Dios está conmigo en estos momentos. Es decir, sé que él es bueno, que se preocupa por mí. Quiero con tanta desesperación que las cosas sean así, pero…». Su voz se fue apagando. Esta vez no encontró manera de detener las lágrimas.

«Pero Craig, cuando veo a mi pequeña consumiéndose ahí, en medio de tanto dolor, ¿cómo me puedo rendirme a un Dios que permite esto? ¿Y encima de todo lo demás por lo que ya hemos pasado? *Quiero* confiar, pero lo cierto es que ya no sé cómo hacerlo».

Esas dos palabras, «Quiero confiar», echaron raíces en mi corazón. Dondequiera que dirijo la mirada, veo personas que comprenden a la perfección cómo se sentía Marci en aquel hospital, frío y estéril. Son muchas las personas que quieren creer en la presencia y la bondad de Dios, pero son ya demasiadas las preguntas sin respuesta que tienen. Hay algo en ellos que anhela confiar en Dios: conocerlo, sentir su presencia, sumergirse en su paz, creer que él está presente para auxiliarlos; para ayudarlos a llevar sus cargas. Quieren orar y saben que él los oye. Quieren consuelo. Quieren saber que él está con ellos, que los va a proteger. En lo más profundo de su ser, tienen la esperanza de que Dios sea más que un personaje cósmico inventado en el que confían ingenuamente los demasiado crédulos. Quieren que habite en su interior más que las gastadas frases hechas que siguen tirando por todas partes los políticos, los activistas y los fanáticos de Jesús.

Pienso que hay una gran cantidad de personas como Marci; personas que en un tiempo creyeron que Dios tenía un activo interés en sus vidas, pero que ahora no están tan seguras de eso. Tal vez exista, tal vez sea soberano, pero… ¿se interesa de verdad en nosotros? No les parece que las cosas sean así. En realidad, yo mismo he sido una de esas personas (ya te hablaré de eso más tarde). Es posible que estés en esa situación. Es posible que te hayas preguntado alguna vez:

«¿Dónde estaba Dios cuando me estaban maltratando? ¿Le importaba lo que me sucedía? Si le importaba, ¿por qué no hizo algo para resolverlo?».

«¿Por qué no podemos tener un bebé? Son tantos los embarazos indeseados y tantas las personas que parecen abandonar o descuidar a sus hijos. Nosotros vamos a la iglesia. Somos buenas personas. Hemos estado orando hace años. ¿Por qué Dios no nos da un hijo?».

«¿Qué le pasó a mi matrimonio? Por encima de todo, quería que al menos eso fuera bueno. En el pasado, nos amábamos tanto, pero... Y el Señor sabe que me esforcé lo más que pude. Confiaba en él. Oraba todos los días. Pero ahora, todo lo que tengo son pedazos rotos. ¿Por qué Dios permitió que me sucediera esto?».

«¿Por qué mi hijo nació con una discapacidad?».

«¿Por qué me dejaron cesante?».

«¿Por qué todas mis conocidas están casadas y yo aún sigo sola?».

«¿Por qué me da la impresión de que nunca voy a salir adelante?».

«¿Por qué regresó el cáncer?».

«¿Por qué mis hijos abandonaron la fe?».

¿Quieres tener la seguridad de que Dios se hará presente cuanto tú más lo necesites pero, por la razón que sea, dudas que las cosas vayan a suceder así?

No eres el único. A lo largo de toda la Biblia encontramos personas que han dudado de la participación de Dios en su vida. Hasta Jesús mismo se encontró con hombres y mujeres llenos de dudas; uno de ellos estaba entre sus mismos discípulos, el Tomás Dudoso. Pero hubo un intercambio de palabras entre Jesús y una persona con dudas espirituales en la que me querría centrar. Al igual que Marci, se trataba de un padre que luchaba mientras veía el sufrimiento de su hijo:

—¿Cuánto tiempo hace que le pasa esto? —le preguntó Jesús al padre.

—Desde que era niño —contestó—. Muchas veces lo ha echado al fuego y al agua para matarlo. Si puedes hacer algo, ten compasión de nosotros y ayúdanos.

—¿Cómo que si puedo? Para el que cree, todo es posible.

—¡Sí creo! —exclamó de inmediato el padre del muchacho—. ¡Ayúdame en mi poca fe!

—Marcos 9.21-24

¿Puedes imaginarte el sufrimiento por el que pasaba ese padre? Una y otra vez, tenía que contemplarlo todo sin poder hacer nada mientras a su hijo lo atacaban aquellas convulsiones, además luchaba con un espíritu maligno que se había posesionado de él años antes. Aquel padre amoroso habría hecho hasta lo imposible para aliviar los sufrimientos de su hijo. Sin embargo, por mucho que lo intentara, su hijo seguía viviendo en medio de la angustia.

Yo tengo seis hijos, y no quiero ni imaginarme cómo debe haber sido aquello: un poderoso espíritu maligno arrojando a tu hijo en el agua como si fuera un muñeco de trapo o haciendo que se revolcara en el fuego. De no haberse responsabilizado el padre de proteger a su hijo, es posible que aquel espíritu lo hubiera matado.

No es extraño que a aquel padre agobiado y desesperado le fuera difícil creer. Después de intentar todo lo que sabía hacer, el hombre le dijo a Jesús lo mismo que yo le habría dicho, de haberme visto en su situación: «*Si puedes* hacer *algo*, ten compasión de nosotros y *ayúdanos*» (v. 22, énfasis mío).

Habrá cristianos que critiquen estas palabras. Sin embargo, aquel padre estaba en las últimas. Después de haber hecho todo lo que le llegaba a la mente, es posible que hubiera terminado por resignarse a la desesperación y a la pérdida de su hijo.

Ya no tenía dónde acudir.

No le quedaba nada por hacer.

Había perdido las esperanzas.

Su mundo se había entenebrecido.

Pero, entonces, Jesús puso en claro la situación, repitiendo la desesperación del padre, pero en forma de pregunta: «¿Cómo que *si puedo*?», lanzándole a continuación un desafío: «Para el que cree, *todo es posible*» (v. 23, énfasis mío).

Meditemos un poco en esto. ¿Por qué Jesús no le dijo: «Bueno, en efecto, sí te *puedo* ayudar»? ¿O por qué no le dijo: «Yo soy el Mesías, el Hijo de Dios, y mi Padre que está en los cielos va a sanar a tu hijo»? Ambas cosas eran ciertas. Sin embargo, lo que hizo Jesús fue devolverle el argumento a aquel padre y poner la situación en sus manos. Aunque acudir al Dios único y verdadero para pedirle ayuda es siempre una buena idea, Jesús le dijo que la clave estaba en tener confianza, en creer que «para Dios todo es posible» (Mateo 19.26).

La respuesta de aquel padre es más sorprendente aún:

«—¡Sí creo! [...] ¡Ayúdame en mi poca fe!» (Marcos 9.24). Te das cuenta de lo que estaba diciendo, ¿no es así?

Yo quiero creer.

Señor, yo quiero creer, pero no puedo. Estoy batallando. Batallando *de verdad*. Ayúdame a vencer mi incredulidad, mis dudas.

Es una especie de paradoja. Aquel hombre cuyo hijo estaba poseído por un espíritu maligno, una fuerza que se había apoderado del cuerpo de su hijo y había tratado de hacerle daño en todas las maneras imaginables... durante *años*, dice:

«Yo *quisiera* poder creer, pero ya no sé cómo lograrlo. Me hallo en una situación tan tenebrosa y desesperada, que no puedo ver de qué manera puedan mejorar las cosas. Pero quiero que mejoren. Quisiera lograrlo. Ayúdame a creer de nuevo, Señor. Restaura mi esperanza».

Inmediatamente después de esa conversación con el padre, Jesús le ordenó al espíritu que se marchara; el muchacho entró en convulsiones cuando el espíritu salió y después pareció quedar muerto. «Pero Jesús, tomándole de la mano, le enderezó; y se levantó» (v. 27). Esto es lo que me conmueve personalmente en este relato: El muchacho no fue el único que recibió sanidad cuando Jesús echó fuera al espíritu maligno. También su padre quedó sano. Porque Jesús echó fuera la carencia de esperanza que lo había estado abrumando. En la sincera respuesta de aquel hombre, Jesús pudo escuchar los mensajes en conflicto que emanaban de su corazón, tan herido ya en la batalla.

Y Dios sigue escuchando hoy esa oración; solo tenemos que permitir que la escuche.

¿Qué me dices de ti mismo? ¿Te agradaría ver que tu corazón tan repleto de dudas sane? ¿Te agradaría redescubrir una seguridad profunda y permanente en cuanto a la naturaleza, la bondad, el poder y la presencia de Dios? ¿Es esto posible incluso? ¿Podría Dios hacer resplandecer la luz de su esperanza en tu corazón hundido en las tinieblas y la desesperación? ¿Podría Dios sembrar una nueva semilla de fe en tu árido suelo, en ese erial que llevas dentro?

¿Quieres creer?

No va a ser fácil que mudes la vieja piel de las dudas y la incredulidad, en especial si las consecuencias de tu situación no están en sintonía con tus esperanzas y expectativas. Aunque los médicos le dijeron a la familia de Marci que se preparara para lo peor, muchos de nosotros seguimos creyendo que Dios haría un milagro a favor de aquella dulce hija suya. Así que orábamos. Y orábamos. Y orábamos más. Acudimos a los medios sociales, viendo que debían ser miles las personas del mundo entero que estaban orando para que Dios sanara a la pequeña Chloe.

Por desdicha, Dios no hizo nada de lo que nosotros esperábamos que hiciera.

Chloe falleció solo tres días antes de cumplir los once años.

Y en aquel momento, lo poco que quedaba de la frágil fe de Marci se deshizo en mil pedazos. Gritaba. Lloraba. Sollozaba diciendo: «¿Por qué, Dios mío? *¿Por qué?* ¿Por qué quisiste permitir que esto le sucediera a mi hija? Chloe no hizo nada malo. ¡Te habrías debido llevar mi vida, no la suya! ¿Cómo puedo volver a confiar en un Dios que me ha hecho esto? ¿Cómo puedo creer en un Dios que ha dejado que esto sucediera?».

Yo no fingí saber los porqués de aquello. No le ofrecí ninguna respuesta pastoral trillada. En vez de hacer eso, hice lo que sí podía hacer: Oré *con* Marci y *por* ella. Me uní a las multitudes que ya estaban tratando de darle un consuelo, de acompañarla en su dolor, de mantenerla en pie.

Yo tengo mis propios sufrimientos, mis propias pérdidas, mis propias dudas, de vez en cuando, como es muy probable que los tengas tú también. Sin embargo, sigo convencido de que Dios está con nosotros en medio de nuestras pruebas, por lo que quiero ayudar a restaurar la fe de las personas que ven su confianza en Dios hecha añicos por esa bola demoledora que son unas circunstancias insoportables.

Esto no es fácil. No me sé todas las respuestas. No obstante, sí te *puedo* asegurar que me he hecho todas esas mismas preguntas. He descubierto algo y estoy orando para que se convierta en cierto para ti también. Podrás dudar, poner en tela de juicio e incluso batallar en tu fe. Sin embargo, en vez de hallar que esos interrogantes te distancian del corazón de Dios, descubrirás algo distinto; algo mucho mejor. Las preguntas sinceras, las dudas sinceras y las angustias más profundas te pueden acercar a Dios mucho más de lo que hayas estado antes.

A LO LARGO DE NUESTRA VIDA, TODOS ALCANZAMOS MOMENTOS en los cuales nos hallamos batallando con preguntas espirituales. En una ocasión conocí a un hombre cuya esposa, con la que llevaba ya dieciocho años de casado, murió por culpa de un conductor ebrio. Algún tiempo después de sucedido eso, estaba hablando con él, cuando me dijo de repente: «Si *hay* un Dios, entonces es imposible que sea bueno. ¡Un Dios bueno no habría permitido que un borracho idiota matara a mi esposa y siguiera viviendo! ¡Y si Dios *es* bueno, entonces es imposible que tenga el control de todas las cosas; de haberlo tenido, a ella no le habría sucedido lo que le ocurrió! Ya no estoy seguro siquiera de que Dios exista. Y *si* existe, no quiero tener nada que ver con esa clase de Dios que es capaz de permitir que suceda algo como esto».

Su secuencia de pensamiento era lógica. Dijo algunas cosas sensatas. Y lo cierto es que, en medio de nuestra angustia y nuestro enojo, nos sentimos genuinamente tentados a comenzar a ver a Dios de esa manera. Hasta diría que cada vez que tenemos un sufrimiento, nuestro enemigo va a tratar de usarlo para deslizar una barrera entre Dios y nosotros. Sin embargo, la fe no es una cuestión de lógica. La fe no es un problema de matemáticas, ni de lenguaje; ni siquiera de filosofía; es una cuestión del corazón.

Yo no he pasado por una pérdida como la que sufrió ese hombre. Sin embargo, de todas formas, lo acompaño en su dolor. Más aun, puedo ver que tras su dolor él quería confiar en Dios. Solo que, en ese preciso momento, no podía reconciliar el dolor que estaba sufriendo con la imagen del Dios en el que quería creer.

He escrito este libro para las numerosas personas que están luchando por creer que Dios cuida de ellas, sobre todo cuando se hallan en medio de una crisis. Cuando uno atraviesa un valle tambaleando, le es difícil ver la luz. Quiere creer, pero le está costando mucho trabajo reconciliar el mensaje de la fe cristiana, tan lleno de esperanza, con lo que está viendo a su alrededor.

Lo que hace que este tema sea especialmente personal para mí, es que mi familia está viviendo en medio de unas pruebas sumamente dolorosas. Al igual que sufría por su hijo el padre del que leímos anteriormente, estoy sufriendo de una manera muy profunda por Mandy, mi segunda hija. Solo faltaban dos semanas para que se casara con James cuando supo que tenía mononucleosis infecciosa, la llamada «enfermedad del beso». Aunque terminaría superando esa enfermedad relativamente frecuente pero incómoda, su cuerpo nunca se ha terminado de recuperar, y ahora sufre de graves problemas físicos que han dejado perplejos a los expertos en el campo médico. A los veintiún años, tuvo que dejar de trabajar. Hemos acudido a tantos médicos que ya he perdido la cuenta. Y Mandy sigue sufriendo.

Aun mientras estoy escribiendo estas palabras, acabamos de reservar un vuelo para que Mandy y su esposo viajen hasta la Clínica Mayo, con la esperanza de que los médicos de ese lugar le puedan diagnosticar lo que está causando sus problemas físicos. Aquí tienes las preguntas que le estoy haciendo a Dios en la actualidad:

¿Por qué ella? Mandy te ama, Dios mío. Siempre te ha amado.

¿Por qué inmediatamente antes de su boda?

¿Por qué no la sanas?

¿Por qué no podemos conseguir al menos un diagnóstico?

No solo nos sentimos abrumados con unas preguntas sinceras, sino que también nos enfrentamos a diario con nuestros temores. Si conocieras en detalle sus batallas físicas, comprenderías por qué estamos orando muchas veces al día, para pedir que no se esté enfrentando con algo que amenace su vida.

Es decir, que al mismo tiempo que yo me estoy imaginando los desafíos a los que tú te podrías estar enfrentado, podrás saber que estoy escribiendo desde una posición en la cual el sufrimiento y la esperanza son simultáneos. Sufrimiento en el momento y esperanza para el futuro. Sin embargo, a veces el sufrimiento parece gritar, mientras que la esperanza solo susurra. Y a veces eso te lleva a preguntarte si Dios ve tu sufrimiento, si te responde y si se interesa en ti.

Si estás luchando, es posible que puedas identificarte con otra persona de la Biblia que estaba llena de dudas espirituales, uno de los profetas menores, a menudo pasado por alto, y con uno de los nombres más difíciles de pronunciar: Habacuc. Su nombre se refiere a esta misma clase de paradoja, a esos mismos sentimientos en conflicto, que vimos cuando Jesús habló con el padre del muchacho poseído por demonios, los que mi amiga Marci tuvo cuando perdió a Chloe. Habacuc significa a la vez luchar y abrazar. Es como esa clase de abrazo que quiere al mismo tiempo aferrarse a ti y alejarte de sí. Es el sufrimiento por lo que se ve y se siente, y es la esperanza de que Dios siga estando contigo. Habacuc es la clase de corazón que quiere creer, al mismo tiempo que retrocede ante esa posibilidad.

Si estás luchando, tengo la esperanza de que estés dispuesto a *luchar*. Son muchas las personas que parecen estar buscando un Dios a su medida con el cual la vida sea limpia, fácil, libre de problemas, y cuyas respuestas sean inteligentes; incluso contundentes. Sin embargo, la vida nunca es limpia. Está muy lejos de ser fácil. Y nunca está libre de problemas. Por eso, creo que tratar de poner a Dios dentro de una caja en la que todo sea fácil de explicar, no solo es insensato, sino peligroso incluso. Para conocer a Dios de verdad, necesitamos batallar en medio de los sufrimientos, luchar con nuestras dudas sinceras e incluso aprender a vivir con preguntas que carecen de respuesta.

Por esa razón, aunque no te aseguro que Dios sea tu copiloto, ni que la Biblia lo dice y eso lo resuelve todo, te prometo esto: si luchas con Dios, lo buscas y te aferras a él, Dios ira a tu encuentro en el lugar mismo de tu sufrimiento.

PRIMERA PARTE

El juego del escondite

1.1

Dios mío, ¿dónde estás?

*Los seres humanos no admiten la
desesperación con facilidad. Cuando lo hacen,
el reino de los cielos se acerca a ellos.*
—Philip Yancey

Las pruebas dolorosas son terreno fértil para las semillas de la duda. No obstante, la vida no tiene por qué venirse abajo para que alguien comience a hacerse preguntas sobre la presencia y la bondad de Dios. Mi primer encuentro con las dudas no se produjo durante un momento difícil; más bien me vino al encuentro en un momento por demás ordinario y, entre todos los lugares posibles, sucedió en una iglesia.

Cuando yo era niño, mi familia iba a la iglesia de vez en cuando. Como es natural, siendo niño, suponía que las familias de los demás también hacían lo mismo. También suponía que todo lo que oía acerca de Dios era cierto, así como sabía que dos más dos son cuatro y que los Cowboys de Dallas eran el mejor equipo de la Liga Nacional de Fútbol. Pero entonces, un domingo por la mañana, sentado en la iglesia, probablemente a los diez u once años, se me apareció de repente un frenético enjambre de preguntas que comenzó a molestarme interiormente: «¿Y si todas estas cosas en las que siempre he creído no fueran ciertas? ¿Y si Dios no es un ser real? Y si *es* real, ¿se interesa en nuestras vidas... en la *mía*? ¿Será cierto que se interesa en nosotros?».

Recorrí con la vista mis alrededores, tratando de ver si había alguien que estuviera batallando con esos mismos pensamientos indiscretos. Nadie más, o al menos ningún adulto, parecía tener ni un mínimo de ansiedad o incomodidad. (Más tarde aprendería que las apariencias pueden ser engañosas). No se trata de que dejara de creer repentinamente en lo que estaba diciendo nuestro predicador; para serte sincero, ni siquiera recuerdo el tema del que estaba hablando. Pero lo que sí estaba claro era que los cimientos de mi joven realidad habían comenzado a desmoronarse.

Cuanto más pensaba en las preguntas, más interrogantes parecía tener. Si Dios tenía el control de todo, como se suponía que lo tuviera, ¿por qué suceden tantas cosas malas? Lo reconozco: mi propia vida era bastante buena; tenía unos padres amorosos, comida en abundancia y una casa placentera. Pero tenía también edad suficiente para darme cuenta de que había una gran cantidad de personas que no tenían esas cosas. Tenía amigos cuyos padres habían pasado por un amargo y airado divorcio, y amigos que solo tenían uno de sus padres en el hogar. Conocía chicos que se habían enfermado tan seriamente, que habían tenido que dejar de asistir a la escuela. Los titulares noticiosos comenzaron a penetrar en mi mente caricaturesca como nunca antes, haciéndome consciente de las cosas malas que suceden todos los días en el mundo: guerras, asesinatos, pobreza, corrupción.

Y una vez que esas dudas me asaltaban, se quedaban en mi mente. Era como si se las hubieran arreglado para encontrar una forma secreta de entrar en ella, y me preguntaba si alguna vez podría liberarme de ellas. Por años estuve batallando con un dilema espiritual. Si me hubieras preguntado entonces: «¿Eres cristiano?», yo te habría dicho: «Por supuesto». En aquellos tiempos, casi todas las personas que conocía habrían dicho lo mismo. Al fin y al cabo, no éramos ni budistas ni musulmanes. Yo me declaraba cristiano, pero mi vida no se parecía en nada a la de Cristo. Y, secretamente, ni siquiera estaba seguro de creer de veras en Dios. Si era real, pensaba, era muy probable que mis pensamientos lo desilusionaran... o algo peor.

Ya estaba comenzando mis estudios universitarios cuando al fin comprendí realmente el evangelio y lo que significa seguir a Jesús. Y por vez primera en mi vida, comencé a leer la Biblia. Me sorprendió descubrir que algunas de las personas a las que se refiere la Biblia tuvieron sus dudas, tal como yo. También me sentí agradecido al ver que muchos de sus relatos y de sus enseñanzas respondían un buen número de aquellas preguntas que había estado tratando de responder en silencio durante años. No fue como si de repente me hubiera encontrado un matamoscas gigante que podría usar para aplastarlas todas. Era más como el descubrimiento de nuevos senderos a través de un bosque ya familiar. Aún veía los árboles, todas esas cosas malas que hay en el mundo, pero ahora también veía un sendero que me conducía hasta el claro del bosque que tenía delante de mí. Todavía me rodeaban los árboles por todas partes, pero ya no me impedían que siguiera avanzando.

Hasta que choqué de frente en el seminario con una secuoya gigante.

«¡Esto es lo que pienso acerca de este libro!», exclamó mi profesor de Nuevo Testamento al mismo tiempo que lanzaba una Biblia hasta el otro lado del aula con desprecio. «Ya es hora de que ustedes aprendan la verdad acerca de los cuentos de hadas en los cuales han estado basando su fe».

Tal vez esto te parezca difícil de creer, pero es cierto. Aunque en el seminario tuve algunos profesores maravillosos y llenos de fe, hombres y mujeres que ayudaron a prepararme para que fuera eficaz en el pastorado, también tuve otros que eran asombrosamente hostiles, no solo con todo aquello en que había creído desde que era niño, sino incluso con Dios mismo. Al igual que la vida misma, mi experiencia en el seminario era una montaña rusa de fe y dudas, desesperación y esperanza.

Ya mi decisión de acudir allí había sido suficientemente asombrosa.

Cuando sentí que Dios me llamaba al ministerio, se sorprendí tanto como el que más. No se trata de que no estuviera dispuesto; sencillamente era que, por haber sido miembro de una fraternidad estudiantil en busca de un título en administración deportiva convertido en cristiano, no encajaba precisamente en lo que imaginaba que debía ser un pastor. Por la gracia de Dios, mi pastor me invitó a unirme al personal de la iglesia para ayudar a alcanzar a los jóvenes que estaba perdiendo. Mi esposa Amy, con la cual acababa de casarme, y yo, nos sentíamos abrumados por la emoción, honrados por estar sirviendo a Dios en nuestra iglesia a tiempo completo.

Cuando se hizo obvio que un título académico sería un paso importante en mi desarrollo, y necesario para mi futuro, me inscribí a pesar de que aún estaba trabajando a tiempo completo. Aunque solo pensar en todos aquellos trabajos y estudios adicionales me intimidaba, me emocionaba la idea de fortalecer mi fe y estar mejor preparado para cumplir con todo lo que sintiera que Dios me guiaba a hacer.

Así que, ya podrás imaginar mi asombro cuando descubrí una actitud cínica e insensible en algunos de mis profesores y en otros estudiantes. Por la forma en que hablaban se veía que pensaban que solo alguien ingenuo o sin conocimientos podría creer realmente en la Biblia y aceptarla al pie de la letra como la Palabra de Dios.

Sin duda alguna, mi profesor de Nuevo Testamento fue el peor agresor de todos. No creía que Jesús hubiera dicho ni hecho la mayoría de las cosas que encontramos registradas en los evangelios. Según ese maestro, Pablo solo había escrito unas cuantas de las epístolas que le atribuimos, y lo más probable era que Juan se estuviera recuperando de una mala experiencia con drogas cuando escribió el Apocalipsis.

Yo estaba aturdido. Devastado. Aquel hombre tenía más títulos que yo trofeos de tenis. Era brillante e incluso muy respetado en ciertos círculos teológicos. Alguien con unas credenciales como las suyas *tenía* que saber de qué estaba hablando, ¿no es cierto? De repente, las preguntas que yo había pensado muertas y enterradas volvieron a la vida. ¿Sería cierto lo que él estaba diciendo? ¿Cómo era posible que la Biblia no fuera, en realidad, la Palabra inspirada y eterna de Dios? Dios mismo, ¿era real? ¿Y si *nada* de aquello era cierto? Todas mis dudas del pasado irrumpieron de nuevo en mi mente, inundándola.

Cuando era niño, no le había hablado a nadie de aquello porque temía lo que fueran a pensar. Como adulto, y pastor, el miedo a aquello me paralizaba. Nadie podía saberlo. ¿Qué pensarían? No podía haber cosa peor que un pastor inseguro de su fe.

De manera que por un tiempo se me hizo difícil luchar con mis dudas, dolorosamente consciente de que numerosos árboles gigantescos me impedían el paso. Sin embargo, al fin logré armarme de valentía y sincerarme con dos personas: mi pastor y otro profesor. Aquellos mentores sabios y maduros no me criticaron ni reprocharon mis preguntas, sino que me dieron permiso para batallar con ellas. Y me ayudaron para que regresara a la verdad. Lo más significativo para mí fue que me hablaron con franqueza de sus propias luchas en la fe y me explicaron de qué forma Dios los había sostenido en medio de sus dudas. Su ejemplo vivo me enseñó que la sinceridad al enfrentarme con mis dudas podía fortalecer mi fe y que Dios me demostraría su fidelidad a lo largo del proceso.

Mi fe pudo haber estado conectada a un respirador artificial, pero no solo sobrevivió; creció y se fortaleció. Era como si Dios me abría un camino a través de todo un bosque de dudas.

Al menos, hasta que el siguiente obstáculo se interpuso en mi camino.

Es tentador pensar que muchos de nosotros llegaremos a un punto en el cual nos veremos forzados a poner en tela de juicio todo lo que creemos y que, después de esa batalla, nunca volveremos a tener dudas. No obstante, lo cierto es que todos ponemos a prueba nuestras creencias un día tras otro. Cada vez que tenemos que tomar una decisión sobre la manera de reaccionar ante alguien que nos ha faltado al respeto, nuestras creencias se hallan al frente, en el centro mismo de la situación. Cada vez que sentimos ese dolor en el cuerpo, que nos recuerda la operación de emergencia que aún estamos pagando dos años más tarde, nos preguntamos si alguna vez nos recuperaremos, no solo en lo físico, sino también en lo económico.

Cuando se nos avería el auto el mismo día en que nuestro cónyuge sobregira la cuenta de cheques, nos enfrentamos a un dilema sobre la forma en que vamos a reaccionar y, sobre todo, en qué basaremos nuestra respuesta. Cuando leemos las noticias y buscamos en especial lo que dicen sobre una posible actuación militar contra otro país agresor, sobre la última víctima de un asesino en serie o sobre la cantidad de muertos que hubo en un accidente ferroviario, nos vemos forzados a enfrentarnos a nuestras propias creencias acerca de la naturaleza humana, acerca de la vida y acerca de Dios.

Cuanto más he vivido y más he tratado de conocer y comprender a Dios, más seguro estoy de que las dudas son esenciales para que lleguemos a la madurez como creyentes. Si queremos tener una fe más fuerte, sería sabio que permitiéramos que nuestras dudas siguieran en pie al mismo tiempo que tratamos de trabajar en ellas, en vez de cortarlas de raíz para quitarlas de nuestro camino.

A juzgar por lo que veo en las Escrituras, estoy convencido de que Dios honra a los que buscan la verdad con sinceridad, de la misma forma que el padre de aquel muchacho, que quería creer con tanta fuerza que le pidió a Dios que lo ayudara a superar su incredulidad (Marcos 9.21-24). Tal vez te puedas identificar con él. Quizás seas como tantos otros, que quieren creer, pero sienten que la vida se les interpone en el camino.

Más de la tercera parte de los salmos son oraciones o cánticos de personas que sufren. Estos inspirados poemas expresan con frecuencia el sufrimiento que sentimos cuando no podemos hallar palabras para expresarlo.

Tenme compasión, SEÑOR, porque desfallezco; sáname,
SEÑOR, que un frío de muerte recorre mis huesos.
Angustiada está mi alma; ¿hasta cuándo, SEÑOR, hasta
cuándo?... Cansado estoy de sollozar; toda la noche inundo
de lágrimas mi cama, ¡mi lecho empapo con mi llanto!
Desfallecen mis ojos por causa del dolor; desfallecen por
culpa de mis enemigos.

—Salmos 6.2-3, 6-7

¿Puedes comprender el sufrimiento de David? Está exhausto. Agotado. Y solo. Ha llorado tanto que ya no puede más. No se trata de que no crea en Dios; su fe en él es absoluta. Él es un hombre según el corazón de Dios (Hechos 13.22). Sencillamente, es que no puede comprender por qué el Dios que tiene poder para transformar las circunstancias, el que lo elevó de ser un simple pastorcillo de ovejas a ser el rey de una nación, no hace nada.

Los escritores de Job, Lamentaciones, Eclesiastés y Jeremías manifiestan todos confusión, duda y el dolor del sufrimiento insoportable por el que pasan los creyentes fieles. Hasta Jesús mismo dudó acerca de la voluntad de su Padre en el huerto de Getsemaní mientras luchaba por aceptar lo que tendría que sufrir en la cruz. Y después, en la cruz, clamó en medio de su agonía: «Dios mío, Dios mío, ¿por qué me has desamparado?» (Mateo 27.46).

Quizás, en cierto modo extraño, Dios permite que dudemos de él en algunas ocasiones. Tal vez sepa que esa es una de las formas de fortalecer nuestra fe. Una de las mejores maneras.

Entiendo que esta afirmación es controversial y que es probable que no estés de acuerdo con ella. Sin embargo, lo que me llevó a mí a esa situación fue mi propia comprensión de la Biblia. Además de los pasajes de las Escrituras que acabo de mencionar, hay otro más que nos autoriza para poner a Dios en tela de juicio, si estamos dispuestos a escuchar lo que él nos responda.

Hace más de 2.600 años, Habacuc se hizo muchas de las mismas preguntas que se siguen planteando hoy los seres humanos en el mundo entero. Y Dios, en su gracia, alivió en algo la angustia de Habacuc, aunque dejó otras de sus preguntas sin responder. Con todo, una vez sobrepuesto de sus dudas, Habacuc creció hasta convertirse en una persona con una fe más abundante; una fe que tal vez no se habría desarrollado tan plenamente si él no hubiera tenido que enfrentarse a sus dudas.

Medita en eso. Si lo comprendieras todo de una manera total y absoluta, no necesitarías fe, ¿no es cierto? Sin embargo, sin fe es imposible agradar a Dios (Hebreos 11.6). ¿Por qué? Porque la fe y la confianza deben surgir del amor, no de una relación mercantil, de una transacción ni de una situación con respecto a la cual no tengamos la posibilidad de decidir.

¿Estás dispuesto a hacer preguntas sinceras? ¿A batallar con ellas?

Y más importante aún, ¿estás dispuesto a *escuchar* la respuesta que Dios te dé?

1.2

¿Por qué nada parece importarte?

Yo no sé si Dios existe, pero sería mejor
para su reputación que no existiera.
—Jules Renard

La mayoría de nuestros programas policíacos y películas de suspenso se basan en el libro de Habacuc, que se encuentra en el Antiguo Testamento. Ahora, antes que pienses que estoy loco, atiende a todo lo que te tengo que decir. Si has visto televisión o películas en estos últimos años, es muy probable que te hayas encontrado con unos cuantos de esos que llamamos antihéroes, personas que hacen cosas malas aunque tengan buenas intenciones.

En la gran pantalla, ya no nos sorprende encontrar corrupción en el gobierno o en las fuerzas del orden. En la actualidad esto es un recurso normal dentro de la trama. Hasta vitoreamos a esos antihéroes cuando la forma en que manipulan las reglas termina poniendo al descubierto a los mentirosos, los tramposos y los asesinos, que caen bajo el peso «de la justicia».

¿Por qué? Porque al igual que ellos, estamos cansados de que la gente corrupta, inmoral y carente de ética se salga con la suya y no pague por sus delitos. Estamos cansados de la gente mala, ya se trate de los traficantes de drogas que se abren paso a base de sobornos para no tener que responder a acusaciones sobre sus delitos, o de los ejecutivos de grandes empresas que se ganan bonos millonarios al mismo tiempo que eliminan miles de empleos en sus compañías.

Tal vez la razón por la que nos agraden todos esos superhéroes que saturan nuestros cines locales sea que tienen el poder para derrotar a los villanos que no tienen consideración alguna por la vida humana o por jugar de acuerdo a las reglas. El Capitán América, el Hombre de Hierro y Thor parecen estar haciendo lo que nosotros querríamos que Dios hiciera, de vez en cuando, pero que no hace. ¡No es de extrañarnos que los llamen los Vengadores!

INJUSTICIA. CORRUPCIÓN. INDIFERENCIA.

Esos problemas han existido casi desde los inicios de la creación. El profeta Habacuc no es el primero en señalar eso pero, decididamente, es uno de los primeros y de los más apasionados. Bajo el imperio del rey Joacim, Habacuc presenció un nivel de corrupción, escándalos y violencia que habrían hecho sonrojar al Padrino. Aun en medio del propio pueblo de Dios, las disputas se resolvían muchas veces a base de venganzas. Los funcionarios se hacían de la vista gorda mientras unos delincuentes adinerados les dejaban caer unas monedas en la mano. Con frecuencia, los pobres eran acusados con falsía por crímenes que cometían sus amos enriquecidos. Como consecuencia, algunos comenzaron a tomar las cosas en sus propias manos, de una manera nada diferente a la de los personajes que aclamamos en la televisión y las películas. Aquello era un desorden total.

Aquella cultura no se diferenciaba mucho de la nuestra. Aunque en este momento no estés enfrentando algo doloroso o injusto en tu propia vida, tienes que admitir que ciertamente parece que todo lo que Habacuc veía a su alrededor se sigue aplicando a nosotros hoy.

> ¿Hasta cuándo, Señor, he de pedirte ayuda sin que tú me escuches? ¿Hasta cuándo he de quejarme de la violencia sin que tú nos salves? ¿Por qué me haces presenciar calamidades? ¿Por qué debo contemplar el sufrimiento? Veo ante mis ojos destrucción y violencia; surgen riñas y abundan las contiendas. Por lo tanto, se entorpece la ley y no se da curso a la justicia. El impío acosa al justo, y las sentencias que se dictan son injustas.
>
> —Habacuc 1.2-4

ME ENCANTA LA SINCERIDAD DE HABACUC EN SUS PREGUNTAS: «¿Hasta cuándo he de pedirte ayuda? Dios mío, yo *sé* que puedes hacer algo con respecto a esto. ¿Por qué no lo haces?». Habacuc le estaba recordando a Dios que se suponía que fuera un Dios justo y, sin embargo, estaba tolerando la peor clase de violencia y de injusticia.

¿Cómo reaccionas cuando sufres una injusticia?

Digamos que estás seguro de haberte ganado un ascenso en tu trabajo, pero tu jefe te pasa por alto a favor de alguien menos dedicado. Es una injusticia. Quieres renunciar, pero necesitas el dinero. Estás atascado.

O bien, has trabajado al máximo en tu ensayo final para una asignatura. Estás seguro de que tu trabajo se merece una calificación sobresaliente, pero no puedes creer lo que ves cuando te lo devuelven con un simple aprobado, arruinando tus esperanzas de entrar al nivel de postgrado en la universidad.

O consigues por fin el auto que siempre has deseado, solo para sorprenderte dos días más tarde al ver en uno de sus costados un arañazo de veinte centímetros, cortesía de un conductor perezoso y descuidado.

TAL VEZ EJEMPLOS COMO ESTOS TE HAGAN SENTIR ENOJADO, PERO sencillamente son cosas que has aprendido a aceptar. No son más que parte normal de la vida. Así es exactamente como funciona el mundo, ¿no es cierto? En cambio, hay otras cosas que no son tan fáciles de aceptar. Cosas que son producto de una injusticia que va más allá de cuanto te habrías podido imaginar. Engaño. Manipulación. Traición.

Hace poco hablé con un amigo que había sido fiel en el pastorado por más de dos décadas. Después de criar cuatro hijos con su esposa en un matrimonio de casi treinta años, llegó un día a su casa para sufrir el golpe emocional más grande de su existencia. Su esposa había decidido que ya no quería seguir casada con él. Un antiguo enamorado de la escuela secundaria se había puesto en contacto con ella por medio de Facebook. Una cosa llevó a otra y ella reavivó la llama de su relación con el hombre «con el que Dios había querido que se casara desde el principio».

Después que ella dejó a mi amigo, los ancianos de su iglesia comenzaron a hablar. Acordaron que, después de un escándalo como ese, él no podía seguir dirigiendo la iglesia. Podía renunciar o dejar que lo cesantearan: la decisión era «suya».

Aquel pobre y golpeado hombre se sentó en mi oficina recordando todas sus pérdidas, por lo que lloramos juntos. Me dijo: «Yo sé que Dios no me debe nada, pero ahora ya no tengo nada. Después de servirle toda mi vida adulta, ¿cómo es posible que permita que termine divorciado y sin empleo? Sencillamente… ¡esto es muy injusto!».

No pude estar en desacuerdo con él.

¿Dónde estaba el Dios al que le había servido todos esos años? ¿Dónde está Dios cuando alguien te roba en tu negocio y entonces, cuando lo atrapan, se declara en bancarrota para que nunca puedas recuperar el dinero que te robó?

¿O qué decir de la dama —que asiste a tu grupo pequeño de la iglesia— que pierde a su esposo, un hombre amoroso, entregado y trabajador que agradaba a todos, por un ataque al corazón a los treinta y cinco años de edad? ¿Sobre todo, cuando piensas en tanta gente arrogante y malintencionada que sigue saludable y llega a tener una larga vida?

¿O qué decir cuando alguien a quien has estimado y en quien has confiado por años te traiciona? Todos los demás piensan que ella es una cristiana dedicada, lo cual te deja perpleja, porque no puedes comprender cómo una persona decente, y mucho menos que dice seguir a Cristo, pueda propagar chismes sobre ti acerca de cosas que le confiaste mientras le pedías que orara por ti.

Tal vez hayas probado la amargura de la injusticia de manera directa. Hiciste todo lo que pudiste por educar a tus hijos con amor, una disciplina moderada y lo mejor que les pudiste proporcionar, y ellos te han destrozado el corazón. Incluso después de haberles dado todo lo que has podido, ahora son adictos a las drogas y te roban dinero de tu armario para conseguir su próxima dosis. Observas a tu derredor y ves que los hijos de tus amigos parecen felices y triunfantes; jóvenes profesionales que se gradúan en la universidad, consiguen buenos empleos, asisten a la iglesia y se casan.

Quizás hayas puesto todo el esfuerzo que has podido en tu matrimonio, solo para sufrir una traición tan inesperada que te parece especialmente cruel. Creías conocer a tu cónyuge, pero ahora… ¿esto? Después de todo lo que han pasado juntos, ¿hubo alguien en su trabajo que le ofreció más que tú? ¿En serio?

Estás devastado, afligido y solo. Las circunstancias no importan. Tarde o temprano, todos sufrimos los crueles golpes que nos da la vida. Nos dan un fuerte golpe en el estómago o un puñetazo en el mentón. Nuestra alma queda tirada en el suelo, desangrándose.

Claro, seguro que oras. Tratas de perdonar. Lees la Biblia. Te apoyas en los fuertes hombros de tus amigos cristianos y de tu familia. Y oras un poco más.

Aun así, las cosas solo parecen empeorar. Los golpes de la vida son tenaces, uno tras otro. El corazón se te abate y se daña, el alma se llena de cicatrices y de costras formadas por la desilusión y la tristeza. La furia te hace insensible; la angustia te paraliza.

Y te preguntas: «¿Acaso a Dios no le preocupa lo que me está sucediendo? ¿Irá a dejar que me ahogue entre todas estas cosas malas? Él es Dios, así que estoy seguro de que tiene el poder suficiente para hacer algo; para cambiar las cosas. Entonces, ¿por qué no lo hace?

Habacuc hizo esas mismas preguntas hace ya miles de años.

1.3

¿Por qué no haces algo?

*Ver tanta pobreza por todas partes me hace
pensar que Dios no es rico. Aparenta serlo, pero
sospecho que tiene ciertas dificultades económicas.*
—Víctor Hugo, *Los Miserables*

Si al menos la vida fuera como una de esas telecomedias...
Cuando aún era niño, en la televisión no había tanta
violencia explícita ni tanta corrupción, con todos esos antihéroes de los que estábamos hablando antes. Y, probablemente,
eso estaba bien porque, de todas formas, mis padres no me
habrían dejado ver esos programas. Así que crecí con una
dieta constante de telecomedias clásicas: *La tribu Brady*, *Días
felices*, *El show de Andy Griffith* y una escandalosamente sexual,
Tres son multitud.

Sus fórmulas eran muy predecibles y, sin embargo, eran
muy satisfactorias. Unos personajes familiares pasaban por
un problema inesperado que proporcionaba una serie amplia
de comentarios ingeniosos y tontas situaciones bufonescas.
Entonces, inmediatamente antes del final, el Fonz, o el Sheriff

Taylor o Alicia la sirvienta, o Janice y Jack, resolvían el problema y todo volvía a ser magnífico de nuevo, todo en menos de treinta minutos… ¡y en realidad, menos tiempo aun cuando se tienen en cuenta las pausas para los anuncios comerciales! Aunque yo sabía que así no era como sucedían las cosas en el mundo real, me era difícil no comenzar a desear que la vida siguiera también un guión similar.

En algún momento, todos notamos que las agudas aristas de la realidad tienen muy poco en común con todas esas superficies resplandecientes y pulidas de la vida en la televisión. Tal vez todo comience a muy temprana edad con los cuentos de hadas y las películas de Disney, la mayoría de los cuales tienen un final bastante feliz. Pero cuando nos andan persiguiendo, no el gran lobo feroz, sino toda una manada de lobos furiosos, con nombres como cáncer, bancarrota, adicción y divorcio, nos es difícil creer en aquello de que «y vivieron felices para siempre».

Cuando te atropella un conductor borracho y necesitas media docena de operaciones quirúrgicas en la columna vertebral, solo para poder caminar de nuevo, ¿quién habría pensado que terminarías con una adicción a los calmantes que te recetaron?

Cuando dormías en algunas camas que no debías, y te practicaste un aborto antes de llegar a Cristo, y después te enamoraste del hombre que se convertiría en tu esposo, ¿quién se habría imaginado que ahora no podrías volver a quedar embarazada?

Cuando le suplicaste a Dios que te diera un hijo y te lo dio, ¿quién sabría que ibas a perder a tu cónyuge a causa de un cáncer y que estarías trabajando en tres empleos como madre soltera?

Cuando tomaste unos tragos, muchos menos que todos los demás que estaban en aquella fiesta, ¿quién habría pensado que serías tú quien terminaría con un castigo por conducir bajo la influencia del alcohol que sigue interponiéndose en tu carrera y obstaculizándola?

Por lo general, la vida no se desenvuelve de una forma en que nos agradaría contarla si escribiéramos nuestra propia historia. Puesto que nos enfrentamos a las injusticias de la vida, aun en el caso de que nuestra mente *fuera* capaz de idear toda clase de soluciones ingeniosas, lo difícil es tener el poder necesario para hacer cualquiera de esas cosas.

Si tú fueras Dios, sabrías cómo va a terminar el último episodio de la telecomedia de tu vida. Te recuperas de una operación y corres tu primer maratón. Te aceptan en tu universidad favorita con beca completa. Tú y tu esposo oran juntos mientras pasan por la dura experiencia de la infertilidad, se enamoran entre sí mucho más que nunca y terminan adoptando una hermosa bebé. Luchas para sobrevivir sin tu cónyuge, hasta que conoces a ese millonario piadoso, buen mozo, soltero y maravilloso que asiste a un grupo pequeño de tu iglesia.

Por supuesto, si tuvieras el poder necesario, es posible que *no te limitarías* a conseguir unos finales felices. Tal vez irías más lejos aún: también castigarías a todas esas personas egoístas, arrogantes y malintencionadas que parecen quedar impunes después de haber asesinado a alguien (tanto en sentido literal, como figurado). Los capos de la droga, que tienen como presas a los más vulnerables, haciéndolos adictos a un dulce veneno que inevitablemente terminará matándolos. Los malvados que maltratan a los niños y estafan a los ancianos. Los tramposos que están en el poder y amañan el sistema para aprovecharse de los pobres. Los monstruos que violan mujeres para sentirse más hombres y alimentar sus propios apetitos. Las mujeres que manipulan a los hombres para conseguir lo que quieren.

Si tú fueras Dios, tal vez te asegurarías de que esas personas malvadas tuvieran que rendir cuenta de sus actos. Te asegurarías de que padecieran en la misma medida de sufrimiento, pérdida y heridas que ellos han causado. Que sufrieran *por lo menos* tanto como sus víctimas.

No obstante, por mucho que creamos saber, lo cierto es esto: nosotros no somos Dios ni sabemos qué es lo mejor de todo.

Muchas veces, cuando queremos que Dios haga algo, la solución no exigiría mucho de él. Un simple asentimiento. Una sola palabra. Una oración respondida. En el gran esquema de la vida, solo un pequeño milagro. ¡Si al menos él permitiera que me recompensaran por todo mi arduo trabajo! ¡O tan solo con que sanara a mi hijo enfermo! ¡O ayudara a mi ser amado a superar la depresión! ¡O hiciera desaparecer mi adicción al sexo! ¡O trajera a mi hijo pródigo de vuelta a casa! ¡O al menos dejara que yo me ganara la lotería!

A medida que vaya creciendo nuestra confianza en Dios, tendremos que reconocer aquellas cosas que considero como parte de los fundamentos de nuestro crecimiento en la fe cristiana: Temor. Respeto. Reverencia. Agradecimiento porque Dios es Dios. Aceptación de nuestras limitaciones como seres humanos. Nosotros no podemos saberlo todo, ni tampoco ver dentro del corazón de los demás. No podemos saber todo lo que ha sucedido en el pasado en la historia del mundo. Y ciertamente, tampoco podemos ver, en el futuro, la forma en que todas las cosas se desarrollarán.

En cambio, Dios sí puede.

Con toda la maestría de un gran narrador, él está entretejiendo una épica en la cual permite que cada uno de nosotros desempeñe un papel relevante. En la historia de Dios no hay personajes poco importantes, ni actores secundarios. Todos somos protagonistas. Él nunca nos abandonará y está obrando todo para nuestro bien.

Por esa razón, cuando estemos sufriendo, despotricando y desvariando ante todas las injusticias de la vida, sería bueno que también recordáramos que lo que está sucediendo es mucho más de lo que podemos ver o comprender desde nuestro limitado punto de vista. Solo estamos viendo una mínima parte de una historia que es mucho más grande; tal vez una sola frase, o un solo párrafo, o una sola página.

«Dios mío, ¿por qué no haces nada?». Esta podría ser la pregunta que penetra hasta el corazón mismo de nuestras dudas más profundas. Básicamente, le estamos pidiendo a Dios que reconcilie lo que nosotros creemos con lo que tenemos enfrente de nuestros ojos. Es como si las leyes de la naturaleza que *hemos pensado* que son ciertas —ya sabes, cosas como la ley de la gravedad—, desaparecieran de repente. Cuando sufrimos a ese nivel, parecemos estar viendo que las manzanas se desprenden de los árboles para flotar hacia arriba, rumbo al cielo.

Cuando nuestras creencias acerca del poder, la bondad, el amor y la generosidad de Dios chocan con los terribles acontecimientos que se producen en este mundo, nos sentimos tan desconectados como esas manzanas que no tienen peso. ¿Cómo es posible que un Dios bueno permita que unos terroristas hagan que unos aviones choquen con unos rascacielos? ¿O que unos hombres armados hagan una masacre con estudiantes dentro de sus propias escuelas o con los espectadores en un cine? ¿Qué clase de Dios todopoderoso, es decir, a ver si me lo explicas, permitiría que haya niños que nazcan con SIDA, leucemia y toda clase de enfermedades agobiantes?

Cuando presenciamos con nuestros ojos esta clase de escenas que nos destrozan el corazón, ¿cómo es posible que podamos creer que Dios se preocupa por nosotros?

Dios comprende tu dolor. Y lo que es mejor aún, acepta que le hagas preguntas. Él preferiría que le gritaras y vociferaras, antes que verte abandonar tu relación con él en medio de un silencio glacial. Ten libertad para derramar tu corazón ante él, como lo hizo David en Salmos 56.8: «Toma en cuenta mis lamentos; registra mi llanto en tu libro. ¿Acaso no lo tienes anotado?». Dios recibe de buen agrado tu angustia, e incluso tu ira, pero no tienes por qué detenerte en ese punto. Después de haberle puesto delante tus sufrimientos y tus preguntas, después de haberte quedado exhausto de tanto golpear contra su pecho, ahora es cuando debes escuchar.

Ábrele tu corazón herido y él te hablará. Porque aun cuando Dios es omnipotente, y lo puede todo, y gobierna sobre su reino, también se preocupa profundamente por ti. Te ama, por lo que nunca te va a abandonar. Es más, suele ser en tu momento de mayor necesidad cuando viene a tu encuentro, te consuela y te levanta hasta una posición en la cual, por fin, puede comenzar tu sanidad. Pero solo si estás dispuesto a escuchar.

1.4

Me parece injusto

Nuestra visión es tan limitada que nos cuesta
trabajo imaginarnos un amor que no se manifieste
en la protección con respecto al sufrimiento. El
amor de Dios no protegió a su propio Hijo.
—Elisabeth Elliot

Una de las películas más tristes y deprimentes que he visto debería ser *La decisión de Sophie*. Aún era un muchacho cuando se estrenó, así que no la vi sino hasta más tarde, ya adulto. Para entonces, ya había oído hablar bastante sobre ella. Meryl Streep ganó un Premio de la Academia por su papel en el personaje de Sophie, una inmigrante polaca que vivía en Brooklyn.

Ahora bien, no quiero que me malentiendas: se trata de una película excelente en cuanto a la actuación, el vestuario de los personajes, la música y el escenario. Sin embargo, la historia es triste a lo sumo. Puesto que en realidad no te la recomendaría, al menos te puedo poner en alerta para estropear tu encuentro con el final de esa película y decirte a qué se refiere la decisión real que Sophie toma. Por medio de escenas retrospectivas sobre sus atormentadores recuerdos, llegamos a conocer la horrible verdad que perseguía a esta mujer.

Cuando eran prisioneros en Auschwitz durante la Segunda Guerra Mundial, Sophie, junto con su hijo y su hija —ambos de corta edad—, aprendieron a hacer cuanto fuera necesario para sobrevivir. Pero entonces, con suma crueldad, sus malvados captores le hicieron a aquella joven madre un repugnante ultimátum. Tendría que escoger entre sus dos hijos: uno iría a un campamento de trabajo y el otro a la cámara de gases. Si se negaba a decidir, entonces matarían a los dos niños.

Para salvar a uno de los pequeños, Sophie tenía que perder al otro para siempre. Así que tomó su decisión y, años más tarde, la angustia se hizo tan insoportable, que se quitó la vida. Como ya dije, es la mejor película que he visto y, al mismo tiempo, la peor. Pero nunca podré olvidarla. Tengo seis hijos y no me puedo imaginar siquiera lo que sería tener que escoger a alguno de ellos entre todos.

Ahora que meditamos en eso, la vida tampoco fue justa para Jesús. Él era perfecto en todo aspecto. Amaba a los que nadie amaba. Sanaba a los que sufrían. Se interesaba por los parias de la sociedad. Tocaba a los intocables. Si miramos su historia desde el punto de vista de Dios, Jesús habría podido presentar el mismo argumento que usamos nosotros: la vida no es justa.

No fue justo que Jesús tuviera que ser azotado, que se burlaran de él y lo golpearan. No era justo que los guardias romanos le atravesaran con clavos las muñecas y los talones, colgándolo sin misericordia de un instrumento de tortura y vergüenza. No fue justo que lo escupieran. Que lo insultaran. Y que se rieran cuando batallaba por respirar. No fue justo que Jesús, el Cordero impecable de Dios, se convirtiera en el sacrificio a favor de pecadores viles e inmundos como yo.

De manera que, cuando sufras, cuando te cuestiones, cuando estalles en una justa confusión o en tu ira, tal vez te consuele saber que Dios te comprende: y que la vida no es justa.

Es probable que la mayoría de nosotros no pensemos mucho en el dolor y la angustia que seguramente sintió Dios Padre ante esa pérdida. Por supuesto, no quiero proyectar nuestras emociones humanas sobre Dios. Sin embargo, puesto que *hemos sido* creados a su imagen, y dado que podemos ver cómo le responde Dios a su pueblo a lo largo de todas las Escrituras (expresando amor, celos y compasión, por nombrar solo unas pocas emociones), no pienso que sea ir demasiado lejos el que diga que Dios sufrió una enorme carga cuando envió a su único Hijo para que naciera en nuestro mundo manchado por el pecado.

Sin embargo, esa era la única forma de poder establecer una relación con sus hijos e hijas terrenales. Al darnos el don del libre albedrío que, gracias a Adán y a Eva, no perdimos tiempo alguno en comenzar a usar, también nos permitió vivir en un mundo que sufre a causa de nuestro egoísmo y nuestro pecado. Trató de comunicarse con nosotros directamente, pero su pueblo se seguía alejando de él, siempre buscando la manera de salirse con la suya: ídolos, poder y engaño; las mismas cosas que volvían loco a Habacuc.

Así que aquello no era justo. Un Dios perfecto, santo y justo se encontró separado de sus criaturas imperfectas, terrenales y pecadoras. Al sacrificar a Jesús, su propio Hijo, Dios creó un puente que nos permite conocerlo, recibir el perdón de nuestros pecados y ser hechos de nuevo a imagen de Cristo. Ahora bien, para poder entregar a su Hijo (de nuevo, algo que no era justo), primeramente Dios tuvo que permitir que Jesús sufriera de una forma que le debe haber parecido insoportable a él como Padre, lo cual me recuerda esa insoportable decisión que tuvo que tomar Sophie.

Philip Yancey, uno de mis autores favoritos sobre este tema, en su libro *Cuando la vida duele: ¿Dónde está Dios cuando sufrimos?* explica la motivación que tuvo Dios para hacer un sacrificio así: «Para algunos, la imagen de un pálido cuerpo lanzando una tenue luz en medio de una noche oscura es el susurro de la derrota. ¿De qué sirve un Dios que no controla el sufrimiento de su Hijo? Sin embargo, podemos escuchar algo más: el clamor de un Dios que les dice a los seres humanos: "LOS AMO". Para toda la historia, el amor quedó comprimido en aquella solitaria figura que pendía de la cruz, el mismo que había dicho que podía llamar a los ángeles en cualquier momento para que llevaran a cabo una misión de rescate, pero escogió no hacerlo [...] por nosotros. En el Calvario, Dios aceptó sus propios términos inquebrantables sobre lo que es la justicia. Todo lo que se diga en cuanto a la forma en que el dolor y el sufrimiento encaja en los planes de Dios, nos lleva en última instancia de vuelta a la cruz».

Cuando la gente pregunte por qué les pasan cosas malas a las personas buenas, debemos darnos cuenta de que lo peor de todo solo sucedió *una vez*. Y Jesús se ofreció para que le sucediera a él.

CUANDO ESTAMOS OCUPADOS, QUEJÁNDONOS DE QUE LA VIDA ES tan injusta, por lo general, olvidamos que Dios también es totalmente injusto. Sí, escuchaste bien.

No solo la vida es injusta, sino que en este caso, Dios también lo es. Debo aclarar que él nunca es injusto con respecto a sus normas pero, de acuerdo a las nuestras, ciertamente lo es. Y eso es una buena noticia para nosotros. Porque si fuera justo (según nuestra manera de entender las cosas), entonces ninguno de nosotros tendría oportunidad alguna. Todos somos culpables de pecar. Somos inherentemente egoístas, tanto en formas pequeñas y sutiles, como en maneras grandes y dramáticas. Cuando cometemos adulterio o asesinato en nuestro corazón, para Dios somos tan culpables como aquellos que son descubiertos y condenados por esos mismos actos. Al menos, eso es lo que dijo Jesús.

Si recibiéramos lo que nos merecemos, estaríamos estancados en nosotros mismos, sin esperanza alguna de cambio, ni esperanza de perdón, ni esperanza de vida eterna en el cielo. Solo el tormento del remordimiento, la terrible soledad de saber que hemos recibido lo que *pensábamos* que queríamos: rechazar la gracia de Dios y que nos dejaran solos. Perderíamos el alma ante nuestras propias actividades egoístas.

Ahora bien, gracias a Dios no somos así. No somos animales, sino *gente;* creados con un alma inmortal; tan amados por Dios que nunca se da por vencido con nosotros. Ni siquiera cuando nos enojamos y nos sentimos heridos o furiosos con él. Ni aun cuando creemos que no podemos confiar en él. Ni siquiera cuando tratamos de apartarnos de él.

Ciertamente, en el libro de Habacuc vemos a alguien, en este caso el mismo profeta de Dios, planteando preguntas difíciles. La palabra hebrea usada para describir el mensaje de Habacuc es *massá*, que significa "una expresión amenazante, una destrucción, una carga". Tal vez solo porque quería mencionar algo que todos sabían, pero de lo que nadie hablaba porque incomodaba, Habacuc comienza el proceso de reconstruir una fe más fuerte. ¿Y qué utiliza? No se limita a una sencilla oración para bendecir su cena, sino una expresión amenazante, una destrucción, una carga. A veces el camino de regreso a Dios no es llano; es un camino plagado de pedruscos y minas terrestres. Pero Dios nos ofrece su Espíritu para que nos guíe, nos dirija, nos vaya abriendo paso a través del laberinto de dudas con el fin de llevarnos de vuelta a la seguridad de su presencia, su naturaleza y su bondad.

¿Y qué si el reconocimiento sincero de tus dudas, como lo hizo Habacuc, es tu primer paso para edificar una fe más profunda? ¿Y si el hecho de abrazar tus preguntas secretas te abre la puerta para un conocimiento más maduro de la naturaleza de Dios?

¿Y si para acercarte más a Dios y desarrollar una intimidad genuina con él, necesitas soportar algo que crees que es insoportable? ¿Tal vez escucharlo por medio de una expresión amenazante, confiar en él en el momento de la destrucción, abrazar su fortaleza cuando eres débil ante la carga que llevas? ¿Y si es necesario un sufrimiento real para experimentar una esperanza profunda y permanente?

1.5

Una crisis de fe

Sé que Dios no me va a dar nada
que no pueda soportar. Solo desearía
que no confiara tanto en mí.
—Madre Teresa

La mayoría de nosotros sabemos lo que es tener una experiencia extrema, como por ejemplo en la cima de una montaña. En el caso de muchos de nosotros, esa es al fin y al cabo la forma en que llegamos a ser cristianos. Tuvimos una asombrosa experiencia en la que sentimos la presencia de Dios de una manera real, palpable y consumidora. Sentimos su amor, su gracia, su poder, su Espíritu. En ese momento, supimos que queríamos pasar el resto de nuestra existencia en esta tierra —y también en la eternidad—, sirviéndolo, buscándolo y dándolo a conocer.

Por cierto, esa es mi historia. Tras leer acerca de la gracia de Dios en el segundo capítulo de Efesios, caminé solo hasta un lugar aislado que se encontraba justamente fuera de la caseta de sóftbol en mi universidad. Aunque nunca lo podría describir de manera adecuada, la presencia de Dios fue tan real para mí en aquel lugar como el almuerzo que acababa de comer en la cafetería. Pude *sentir* su amor. *Sentir* su perdón. *Escuchar* su delicado susurro que me llamaba hacia sí. Y fue entonces cuando aquello sucedió. Me arrodillé y, con mis propias palabras, le pedí que se apoderara de mi vida entera. Cuando me levanté, era una persona diferente.

¡Y comenzó mi transformación espiritual!

No me importaba dónde estuviera, porque creía que Dios estaba conmigo. Compartí mi fe con mis hermanos de la fraternidad, con mis profesores, con mis compañeros del equipo e incluso con mis contrincantes. Tal parecía que Dios respondía todas y cada una de mis oraciones. Cada versículo bíblico que leía, me parecía que había sido escrito para mí exclusivamente. Y dondequiera que iba, me parecía que Dios me daba las palabras que debía decir y me mostraba algo que podía hacer.

Al principio, ser cristianos nos puede parecer semejantes a esta asombrosa experiencia. Tienes unos poderosos momentos de oración y estudio de la Biblia. Cada día, sus palabras parecen saltar de sus páginas a tus ojos, ministrándote de una manera perfecta. Los sermones parecen hechos especialmente para ti, que trataran de algo importante por lo que tú estás pasando o que explicaran con amplitud un texto bíblico que acabas de leer. Luego ves ese mismo versículo en algo que puso otra persona en las redes sociales y sabes que Dios te está hablando. Cuando entras a tu auto, tu canción favorita es la que sale por la radio y te parece como si Dios la hubiera puesto en ese momento para ti solamente. Sientes la urgencia de ayudar a tus amigos que no son cristianos, por lo que Dios te da continuamente las palabras adecuadas que debes decir en cada momento. Sabes que él está contigo. Cuando llevas prisa en el centro comercial, te encuentras un espacio de estacionamiento libre, precisamente en la línea más cercana al edificio.

Es entonces cuando sabes que estás en la cima de la montaña.

Sin embargo, en cierto punto, la vida comienza a regresar poco a poco. Y la presencia de Dios parece esfumarse. Sin que te des cuenta siquiera, habrás descendido de la montaña para regresar al mundo real, por lo que tu fe ya no te parece tan asombrosa. Sigues creyendo en Dios, sigues asistiendo a la iglesia, sigues tratando de leer la Biblia y de orar cuando tienes tiempo. Pero ahora, los sermones no siempre son exclusivos para ti. Tu canto favorito ya no vuelve a sonar en la radio. Y los mejores puestos del estacionamiento están todos ocupados.

De repente notas que tu vida no va como esperabas ni como la tenías planeada. Sientes que tus oraciones son obsoletas y que no llegan a ningún lado. Tal parece que Dios te ha dejado de escuchar. Alguien te traiciona. No sientes a Dios tan cercano como antes. Te sientes desorientado, incierto sobre tu posición con respecto a Dios; ni siquiera sabes si aún sigues en pie. Estabas en la cima de la montaña, pero ahora estás abajo, en el valle.

Si nunca has estado allí, espero que nunca vayas. Sin embargo, sospecho que es posible que sepas algo acerca de lo que te estoy diciendo. Un día te despertaste, solo para darte cuenta de que estabas agotado. Desalentado. Con una lucecita anaranjada encendida que te indica que el contenido del tanque de tu fe está peligrosamente bajo. En ese momento es cuando chocamos con lo que Seth Godin, escritor y gurú de mercadeo, llama «el chapuzón», y que describe como ese valle en la curva del aprendizaje que nos cuesta mucho trabajo atravesar para madurar en nuestra carrera y pasar de aprendiz a maestro. Aunque Godin usa esta imagen para hacer unas inteligentes observaciones acerca del mercadeo y el avance en el campo que hayamos escogido, espero aplicarla de una forma diferente, para describir ese oscuro valle que tenemos necesidad de atravesar cuando bajamos de la cima de la montaña.

En su libro *Experiencia con Dios*, el autor Henry Blackaby describe ese valle como «una crisis de fe», una temporada de luchas y dudas con Dios y su bondad en nuestra vida. Por lo general, esas crisis son despertadas por una circunstancia en especial, como un desafío físico serio, un revés económico o una desilusión en alguna relación.

Muchas veces, lo que despierta esa crisis es algo inesperado o incluso inimaginable. A veces son varios acontecimientos —más pequeños, pero desafiantes— que coinciden, de modo que la carga combinada de ellos se convierte en un peso aplastante que hace que la fe de la persona sucumba. ¿Acaso Cristo no dijo que su carga era ligera y su yugo era fácil (Mateo 11.30)? De repente, el simple hecho de levantarnos de la cama por la mañana se vuelve amenazante. No te puedes imaginar cómo vas a poder pasar el resto de la mañana, mucho menos un día completo. ¿Dónde está Dios ahora?

En esos momentos, la fe nos parece irrelevante. Cuando se está hundiendo el *Titanic*, es difícil disfrutar de un juego de tejo en la cubierta o apreciar al cuarteto de cuerdas que toca música en su templete. Cuando no sabes si la radiación y la quimioterapia van a dar buen resultado, o de dónde te va a llegar el dinero, o cuándo volverás a ver a tu hijo, te es difícil creer que orar, confiar y esperar puedan cambiar las cosas. Es difícil tener fe cuando se tiene tan poco control sobre todas las demás cosas de la vida.

A veces el dolor es tan intenso que solo puedes pensar en algo que te alivie. Todo tu ser lo que quiere es detenerse. Como el dolor inmediato es tan extremo, en vez de meditar en Jesús, tal vez solo estés pensando en la manera de salir del sufrimiento por el que estás pasando. Sin embargo, ese momento se puede volver crucial en tu caminar de fe. Es entonces cuando puedes experimentar la profundidad de la gracia de Dios de una manera que es imposible hacer en otros momentos mejores. Su presencia es real en medio de tu dolor. Y se podría hacer más real en ese valle que cuando estabas en la cima, si puedes reconocer que la forma de salir es *atravesarlo*, no salir de él.

Tal vez sea esa la razón por la que Blackaby vea esa crisis como un requisito tan vital para la fe cristiana. Con el fin de volvernos más fuertes en la fe, más entregados a Dios, más enamorados de Jesús, es necesario que nuestras creencias sean puestas a prueba. Es *necesario* que sean probadas. Blackaby lo explica así: «¿Va a pedirte Dios, alguna vez, que hagas algo que no puedas hacer? ¡La respuesta es sí y todo el tiempo!». Es posible que te digan que Dios no te va a dar más de lo que puedas soportar. Aunque es probable que tengan buena intención, sencillamente eso no es cierto. La Biblia sí dice que Dios no permitirá que seas *tentado* más allá de lo que puedas soportar (1 Corintios 10.13). Sin embargo, muchas veces te da más de lo que puedes soportar para que aprendas a depender totalmente de él.

Es posible que esas palabras sean difíciles de leer y de digerir cuando uno está sufriendo. Lo entiendo. Créeme que lo entiendo. Recuerda, yo he pasado por eso. Y como pastor, con frecuencia, acompaño a las personas mientras atraviesan los momentos más difíciles de su vida. Nunca son fáciles. Sin embargo, la fidelidad de Dios siempre es evidente.

Pasé una cantidad considerable de tiempo con un hombre al que llamaré Martin. Este hacía poco que seguía a Cristo y se sentía culpable por haberle desfalcado una gran cantidad de dinero a su patrono. Después de estudiar la situación con unos consejeros de confianza, Martin decidió que lo correcto era confesar su delito y esperar que pasara lo mejor. Lamentablemente, lo que sucedió se pareció más bien a lo peor.

La compañía de Martin lo acusó ante la ley. Aunque él admitió su delito y aceptó devolver el dinero, fue sentenciado a siete años de prisión. Siete años. Por confesar y hacer lo correcto.

Algunas personas se habrían enojado con Dios. En cambio Martin me dijo que nunca había estado tan cerca de Dios como cuando estaba preso. Durante ese tiempo, sus raíces espirituales se hicieron más profundas. Y su fruto espiritual se multiplicó. Cada vez que recibía una carta suya mientras estaba en la prisión, siempre iba firmada así: «Su gracia es suficiente. Martin».

CUANDO ESCOGIERON A MI HIJA MANDY PARA RELATARLES SU historia a unos adolescentes, me sentí sumamente orgulloso al oírla hablar acerca de su fe en Cristo. Lo hizo de una manera tan excelente, que Christine Caine, famosa conferencista internacional, la invitó a hablar en una gran conferencia para mujeres. Todos podíamos sentir que Dios le estaba abriendo puertas a nuestra seguidora especial de Jesús de solo veintiún años. Entonces se enfermó. Ya mencioné anteriormente la mononucleosis. Ahora bien, eso solo fue el principio. Le siguieron un número tan grande de complicaciones que no te las puedo escribir aquí. Un minuto estábamos juntos en la cima de la montaña. Al siguiente, íbamos dando tumbos en picada en medio de una avalancha hacia el valle.

Aunque no parece que la fe de Mandy haya titubeado, como padre tuve algunas conversaciones difíciles con Dios. Por eso, cuando me encuentro con personas que tienen profundas luchas con la fe, me es fácil escucharlas pacientemente hasta el final. Siento por ellas una compasión que no tenía antes. E incluso cuando hablo con personas que tienen ideas diferentes sobre la existencia o la bondad de Dios, mi forma de hablarles ha ido cambiando con el tiempo. A lo largo de años de maduración, he aprendido que no nos toca a nosotros obligar a los demás a tragar nuestras propias creencias hasta obligarles a hacerse eco de lo que queremos escuchar de ellos. No; nuestra labor consiste en desafiar sus situaciones, haciendo las mismas cosas que hizo Jesús: amarlas, retarlas, aceptarlas y perdonarlas.

Me parece que el cristianismo ha adquirido una mala reputación en estas últimas décadas porque son muchos los creyentes que tratan de fingir que se lo saben todo. En esto va incluido el problema del dolor en el mundo. Permíteme que te repita que no estoy contra el desarrollo de una comprensión teológica sobre la maldad que hay en el mundo, el sufrimiento humano y la bondad de Dios. Son cosas muy importantes. Solo que cuando uno se encuentra frente a un padre al que le acaban de matar a su hijo en la guerra, o a una mujer que acaba de saber que su cáncer ha vuelto a aparecer, la teología, o al menos la capacidad o necesidad de explicarla, no es forzosamente nuestro mejor recurso. Cuando las palabras no dan resultado, recuerda que un gesto sí. El amor funciona. Un abrazo da resultado.

Esa es la belleza y también el poder de la encarnación. Dios no nos gritó desde el cielo que nos amaba. Nos mostró su amor en la tierra al hacerse uno de nosotros en la persona de su Hijo Jesús. Cuando alguien está en el valle, más que tratar de explicar lo que está sucediendo, hay veces que es mejor que escuchemos. En vez de predicar, enfoquémonos en amar. Y en esos momentos de callada presencia, muchas veces Dios se revela en maneras que van más allá de nuestra capacidad humana para comprender.

A menos que nuestro propio sufrimiento nos acerque más a Dios, será difícil manifestar una compasión genuina y una esperanza a los demás. Cuando no estamos conectados con el dolor del prójimo, nos sentimos tentados a darle —más que compasión— frases triviales y respuestas prefabricadas, diseñadas todos para mantener intacta nuestra frágil fe. Hay quienes llegan incluso a decirles a los que sufren que eso se debe al pecado que hay en su vida o a que no tienen suficiente fe, o sencillamente les dicen que están recibiendo lo que se merecen. ¡Qué respuesta tan terrible, peligrosamente hiriente y *ajena a la Biblia*! Yo no veo en ningún lugar que Jesús condene a las personas que sufren; solo lo veo permitiendo que su gracia dé convicción a sus corazones y las convenza de su necesidad.

Nuestro mundo está destrozado. Debido a que vivimos en un mundo en el que nuestro libre albedrío le ha abierto las puertas a nuestro enemigo espiritual, todos seguiremos pasando por sucesos dolorosamente difíciles, terribles e inesperados. No se trata de que al madurar en nuestra fe quedemos exentos de esos sucesos. (Lo contrario podría estar más cercano a la verdad). Sencillamente se trata de que hemos pasado por suficientes sufrimientos y crecido tanto estando más cerca de

Dios, incluso a pesar de nuestro dolor, que nuestra fe se ha visto fortalecida, se ha vuelto más profunda y ha madurado para cuando surja el próximo momento difícil.

El escritor y erudito C. S. Lewis lo explica de esta manera: «No estoy seguro de que Dios quiera que seamos felices. Pienso que quiere que amemos y seamos amados. Sin embargo, somos como niños, pensamos que nuestros juguetes nos hacen felices y que el mundo entero es nuestra guardería. Algo nos tiene que sacar de esa guardería para entrar en las vidas de los demás, y ese algo es el sufrimiento».

HABACUC CONOCÍA DE MANERA DIRECTA LO QUE ESTAMOS hablando. Él se deslizó por el valle y pasó por una crisis de fe. Lo que él veía y lo que sabía acerca de Dios no encajaba. Sencillamente, le era difícil comprender que el Dios de Israel se quedara de brazos cruzados y permitiera la clase de atrocidades que él estaba presenciando. Por eso escribió:

> ¡Tú, SEÑOR, existes desde la eternidad!
>
> ¡Tú, mi santo Dios, eres inmortal!
>
> Tú, SEÑOR, los has puesto para hacer justicia; tú, mi
>
> Roca, los has puesto para ejecutar tu castigo.
>
> Son tan puros tus ojos que no puedes ver el mal;
>
> no te es posible contemplar el sufrimiento.
>
> ¿Por qué entonces toleras a los traidores?
>
> ¿Por qué guardas silencio mientras los impíos
>
> se tragan a los justos?
>
> —Habacuc 1.12-13

¿Puedes sentir su dolor? ¿Sus dudas? ¿Su concepto de la injusticia? Básicamente, lo que está preguntando es: «¿Acaso no eres tú el Dios eterno y todopoderoso? ¿Por qué no *haces* algo?». Después le recuerda a Dios que él mismo era el que había escogido a los que ahora estaban castigando a los inocentes. En un tono casi sarcástico, Habacuc le dice: «Tú ni siquiera puede *ver* la maldad, pero la permites». Como muchos de nosotros, Habacuc no puede comprender por qué Dios no hace lo que él cree que debería hacer.

Ten en cuenta una cosa: ¡Habacuc es un hombre que ama a Dios! Lo que él dice está en la Biblia; no es un airado blog que ha publicado algún petulante que odia a los cristianos. Habacuc no se quedó callado.

Y tampoco nosotros deberíamos callar.

Dios puede responder todas las preguntas que nos atrevamos a hacerle. Tal vez no nos responda con una voz audible y poderosa. (Lo más probable es que no lo haga). Sin embargo, no se enoja con nosotros cuando le planteamos nuestras dudas. No va a salir furioso de la habitación cuando a nosotros nos dé una rabieta. Él nos comprende. Aun cuando saquemos a relucir nuestras emociones, lo que él quiere es acercarnos más a sí mismo.

Tenemos su permiso para hablar con libertad.

A veces pienso que tenemos temor a expresar nuestras preguntas, no porque nos preocupe la respuesta de Dios, sino porque nos inquieta nuestra propia respuesta. Tenemos miedo a decir lo que estamos sintiendo muy dentro, en los rincones más oscuros de nuestra alma. Nos aterra pensar que si admitimos cómo nos estamos sintiendo en realidad, nuestra fe se vaya a resquebrajar. Sin embargo, lo opuesto es lo cierto. Cuando reprimimos el dolor de lo que estamos experimentando, suprimiéndolo y negándolo, es cuando nuestra fe se vuelve tan dura y tan frágil que se puede hacer añicos.

Tal vez esto explique por qué, cuando alguno de nosotros se desliza hasta llegar al valle, tratamos de obligarnos a subir a la fuerza hasta la cima de la montaña. Queremos esa cercanía que solíamos tener con Dios. Ahora bien, negar que las cosas son de la manera que son, negarnos a creer la verdad, es como tratar de subir corriendo una duna de arena.

Una mujer que se ha quedado sin trabajo podría decir: «He perdido mi trabajo, pero no importa. Yo sé que Dios me puede proporcionar uno mejor. Así que me voy a sentar a esperar que llegue».

O bien, un hombre podría negarse a creer el diagnóstico que le da su médico. «No. A mí no. Yo solo voy a orar y confiar en que Dios va a sanarme. No necesito ninguna clase de tratamiento».

No me malinterpretes. No estoy desechando el hecho de que Dios pueda darnos un trabajo que no sabemos de dónde viene, o sanar a las personas de forma milagrosa (y, en efecto, lo hace). Sin embargo, cuando nos retiramos y nos negamos a sentir el dolor de nuestra desilusión, entonces es cuando *realmente* no estamos confiando en él. Lo estamos usando. Y tal vez perdiéndonos unas oportunidades mejores para crecer. Las cimas son magníficas, pero no se ven muchas granjas sobre las montañas. ¿Por qué? Porque las cosas crecen mejor en los valles. Tu tiempo en el valle tal vez no sea agradable, pero en los valles de la vida es donde nos acercamos más a Dios y nos fortalecemos más en nuestra fe.

Concuerdo con C. S. Lewis en cuanto a que el plan más elevado de Dios no es nuestra felicidad inmediata. Yo creo que Dios se dedica mucho más a lograr nuestro gozo eterno, nuestro crecimiento espiritual y la mejora del estado de nuestro corazón. Eso implica que necesitamos crecer para salir de nuestra infancia espiritual y llegar a una creencia más rica, siempre en proceso de maduración, sobre un Dios que es infinitamente más sabio que nosotros. Necesitamos aprender a confiar en él, aun cuando no lo podamos sentir; creer en él aunque lo que haga parezca no tener sentido, y seguirlo, aun cuando no estemos seguros en cuanto al lugar hacia el cual nos dirija.

«Hermanos míos, considérense muy dichosos cuando tengan que enfrentarse con diversas pruebas, pues ya saben que la prueba de su fe produce constancia. Y la constancia debe llevar a feliz término la obra, para que sean perfectos e íntegros, sin que les falte nada» (Santiago 1.2-4). Por contradictorio que esto nos parezca, no creo que Santiago nos esté diciendo que traguemos saliva y sigamos caminando. Creo que está recordándonos que hay un cuadro mayor, una historia más larga, una sensación de que está sucediendo algo mayor que la prueba en la cual nos vemos atrapados. Aquí hay algo curioso: Santiago no nos dice que no podemos preguntarle a Dios qué está sucediendo; solo nos dice que nos sintamos muy dichosos cuando nos tengamos que enfrentar con nuestras pruebas.

Tal como Habacuc parece haberlo entendido, el propósito es hacer preguntas sinceras al mismo tiempo que confiamos en Dios y en su Palabra. Piensa en esto: puedes tener una fe sincera en Dios, aunque estés batallando con preguntas sin responder. Dios es lo suficientemente grande como para manejar todo eso. Y te ama lo suficiente como para ser paciente contigo mientras aprendes acerca de aquellas partes de su naturaleza que eran demasiado profundas para que tú las comprendieras antes de entrar en tu crisis de fe.

Al parecer, este profeta también estaba dispuesto a escuchar a Dios cuando le respondiera, lo cual Dios hizo, tal como veremos a continuación. La buena noticia es que Dios va a encontrarse contigo en tu momento de mayor necesidad. Así como le responde a Habacuc, te responderá a ti. De hecho, Dios tiene mucho que decirnos acerca de la forma en que debemos enfrentarnos a las pruebas. Te repito: Él nunca nos dice que no podamos hacerle preguntas sinceras. Al contrario, lo que Jesús nos dijo es: «Pidan, y se les dará; busquen, y encontrarán; llamen, y se les abrirá. Porque todo el que pide, recibe; el que busca, encuentra; y al que llama, se le abre» (Mateo 7.7-8).

Así que si tienes preguntas, hazlas.

Solo que debes estar preparado para cuando Dios te responda.

SEGUNDA PARTE

Perdido y hallado

2.1

Escucha

Escucha a tu vida. Todos los momentos son clave.
—Frederick Buechner

Hace poco estaba sentado en mi sillón favorito, revisando las notas de mis sermones, leyendo los correos electrónicos y respondiendo los mensajes de texto de un amigo, cuando llegó mi esposa Amy y me preguntó si me podía hablar acerca de los planes de nuestros hijos para el resto de esa semana.

—Por supuesto —le dije—. Adelante. Te escucho.

—Puedo volver cuando hayas terminado —me dijo—. No sabía que estabas ocupado.

—No, está bien —repetí—. Solo estoy terminado unas cuantas cosas. —Todavía no había levantado la vista hacia ella en más de dos segundos.

Así fue como Amy se sentó frente a mí y comenzó a informarme sobre toda una semana de juegos de balompié, lecciones de piano, recitales de danza y actividades del grupo de jóvenes. Y cuando uno tiene seis hijos, ¡son muchas cosas!

—Ajá —le dije, todavía sin levantar la mirada—. ¿En qué puedo ayudar?

—Craig —me dijo—, no has escuchado ni una sola palabra de lo que te he dicho. —No parecía enojada; solo un poco incómoda, lo cual es perfectamente comprensible cuando la persona a la que uno le está hablando tiene la mente fija en otra cosa.

—Sí te oí —le dije—. Joy tiene que estar en la iglesia el miércoles después de las clases y tú necesitas que yo lleve a Stephen...

Ella me interrumpió:

—Sí, yo sé que me *oíste*. Pero no me estabas *escuchando*.

¡Ay!

Tenía razón. Yo la estaba oyendo, pero no escuchándola. Mis oídos respondían ante las ondas sonoras en las que iban sus palabras, pero su significado y su importancia no llegaban a mi cerebro, porque estaba ocupado en otra cosa. Claro, todos tendemos a oír sin escuchar. La costumbre de ocuparnos en múltiples cosas parece haberse convertido en nuestra norma cultural, pero eso no me libra de culpa. Son pocas las personas que se sientan únicamente a ver televisión. La mayoría, además de ver televisión, revisan Instagram, envían mensajes de texto a sus amigos, responden correos electrónicos, ponen al día sus calendarios y fingen estar escuchando cuando alguien trata de comunicarse con ellos. Sé sincero contigo mismo: ¿cuándo fue la última vez que te sentaste y *únicamente* tuviste una conversación real —en vivo— con otra persona, en la cual se fueron turnando y escucharon de veras lo que se les estaba diciendo? Sin teléfonos. Sin televisor. Sin tabletas. Sin música. Sin distracciones.

No es extraño que se nos haga tan difícil escuchar a Dios.

Como ya vimos en la primera parte, Habacuc le planteó a Dios —de manera audaz— todas las preguntas realmente difíciles que tenía en el corazón. Tal vez haya sabido que a veces, el solo permitirnos hacer esas preguntas nos puede llevar un largo camino para volver a conectarnos con Dios y aprender a confiar en él. Se nos hace difícil amar a alguien, incluso al Creador del universo, si estamos resentidos y ocultamos nuestros verdaderos sentimientos. Sabemos con certeza que Habacuc amaba a Dios, pero eso no impidió que lo retara de una manera respetuosa (no que lo pusiera a prueba; hay una diferencia) con la petición de que lo ayudara a comprender el inmenso abismo que había entre lo que él creía y lo que veía a su alrededor.

Una vez terminadas todas sus preguntas, el profeta sabía que era hora de escuchar. Lo mismo es cierto con respecto a ti. Habacuc escribió: «Me mantendré *alerta*, me apostaré en los terraplenes; estaré pendiente *de lo que me diga,* de su respuesta a mi reclamo» (Habacuc 2.1, énfasis mío). Me encantan esas imágenes. Me mantendré alerta, pendiente de lo que Dios me diga. Por básico y obvio que esto pueda parecer, algunas veces la razón por la que no estamos recibiendo la respuesta a nuestras preguntas, es que no estamos dispuestos a hacer una pausa y esperar el tiempo que haga falta para que Dios se nos revele.

A veces, cuando desvariamos y despotricamos, en realidad lo que queremos solo es desahogar nuestras emociones; no nos interesa entrar en una conversación. Cuando permitimos que nos controlen la ira, la duda y el temor, nuestras preguntas pueden terminar sofocando lo que Dios desea respondernos.

Otras veces quizás le hagamos nuestras preguntas a Dios pero entonces, como estamos tan preocupados por las numerosas cosas que llaman nuestra atención, no nos detenemos a escuchar su respuesta. Como en el caso del monólogo de Amy frente a mí, oímos, pero no escuchamos.

¿Por qué no adoptamos un paso más lento para escuchar el consolador susurro de Dios? Sinceramente, creo que esto se debe a que son demasiados los que se sienten abrumados. Estamos tan ocupados haciendo malabares entre el trabajo, el hogar, la escuela, la iglesia… sin mencionar cualquiera que haya sido la crisis inicial que nos hizo dudar, que no tomamos el tiempo necesario para detenernos; para acallar nuestro corazón en silencio delante de Dios.

El escritor de Salmos 46.10 cita a Dios diciendo: «Quédense quietos, reconozcan que yo soy Dios».

¿Cuándo fue la última vez que lo dejaste todo a un lado y te quedaste totalmente quieto, escuchando la voz de Dios?

Observa lo que Dios *no* dijo: «*Afánense* y reconozcan que yo soy Dios».

Lo que dijo fue: «Quédense quietos».

Quédense.

Quietos.

Y reconozcan.

En realidad, ¿cómo debemos escuchar a Dios? Podemos abrir su Palabra y dejar que su Espíritu le dé vida a la verdad. Dios nos habla por medio de las circunstancias, si nos detenemos el tiempo suficiente para reflexionar. Nos habla por medio de las personas, ofreciéndonos la sabiduría divina que viene del cielo. Y nos puede hablar de forma directa por medio de su Espíritu. Cuando uno le pertenece a él, pasa tiempo con él y guarda silencio delante de él, aprende a reconocer su voz.

Piénsalo de esta manera: uno de los beneficios inesperados que tiene el hecho de que atravesemos una temporada difícil es que nos da la oportunidad de detenernos a evaluar de nuevo nuestras prioridades. Es más, hay quienes dicen que la palabra china que traduciríamos como «crisis» usa dos caracteres: uno de ellos significa «peligro» y el otro significa «oportunidad». Cuando Mandy comenzó a batallar con su enfermedad, los desafíos que esta presentaba nos llevaron a pasar más tiempo con ella y con su esposo. Y el tiempo que pasamos con ellos nos inspiró a actuar de manera más deliberada también con nuestros otros cinco hijos. De repente, nos vimos aminorando deliberadamente la prisa que nos imponían las presiones constantes de la vida para abrazar a los seres humanos que más valoramos. Cuando suceden cosas difíciles, solemos ver con mayor claridad lo que más significa para nosotros. Pasar tiempo a solas con Dios es algo que debería estar en el primer lugar de nuestra lista, incluso cuando la conversación con él vaya a ser difícil.

Sin embargo, como descubrió Habacuc, cuando uno le hace a Dios unas preguntas difíciles, tiene que estar preparado para escuchar sus respuestas, aunque no agraden. Es de esperar que si uno está sufriendo y se esfuerza por estar en la presencia de Dios, él lo va a dirigir, a guiar y a consolar. No obstante, en el caso de Habacuc, Dios tenía otras cosas que hacer antes. Por lo que sus noticias serían difíciles de escuchar.

Dios le dijo: «¡Miren a las naciones! ¡Contémplenlas y quédense asombrados! Estoy por hacer en estos días cosas tan sorprendentes que no las creerán aunque alguien se las explique. Estoy incitando a los caldeos, ese pueblo despiadado e impetuoso, que recorre toda la tierra para apoderarse de territorios ajenos» (Habacuc 1.5-6).

Eso es asombroso. Estremecedor. Y difícil de digerir. ¿Que Dios iba a incitar a sus enemigos?

En esencia, le dijo a Habacuc, un hombre que él había escogido para que fuera profeta suyo y por tanto su mensajero ante el pueblo judío: «Esto es lo que va a pasar. Tienes razón, mi pueblo se ha vuelto a hundir realmente a un nuevo nivel más bajo aún. Y aunque te parezca que yo estoy dejando que todo pase sin problema, en realidad no es así. De hecho, voy a tener que destruir al pueblo de Israel por lo malvado que es. Y voy a usar a los caldeos, los babilonios, para que lo hagan».

Me imagino a Habacuc boquiabierto mientras expresaba alguna reacción profunda y teológicamente madura como: «¡Repite eso!». En esencia, Dios le estaba diciendo que las cosas se pondrían peores antes que mejores. Los babilonios eran famosos por ser despiadados, violentos y agresivos en sus incansables conquistas de otras tribus y otras naciones. La corrupción y la violencia pueden haber sido terribles entre los israelitas, pero no eran nada, comparadas con las de los babilonios. Aquello debe haber sido casi como si nosotros le preguntáramos a Dios por qué permite tanta injusticia en nuestro país, solo para que nos respondiera que iba a permitir que unos terroristas extranjeros nos aniquilaran.

Cuando los tiempos se ponen difíciles, lo último que queremos escuchar es que nos digan que están a punto de empeorar. Sin embargo, sabemos que la vida real no siempre toma el rumbo que nosotros deseamos. Por tanto, ¿ahora qué?

Cuando estés pasando por una temporada de lucha con Dios, recuerda esto: el nombre de Habacuc tiene dos significados:

luchar y abrazar. Puedes luchar con Dios en cuanto a todo lo que no te agrade y al mismo tiempo, abrazarlo porque es bueno y digno de confianza. En realidad, todo se reduce a la forma en que reaccionemos ante una crisis de fe. Por lo general, cuando una persona entra en ese valle, se va a uno de los dos extremos.

Muchos quieren regresar a su última cima espiritual, esa experiencia en el tope de la montaña; en la que todo parecía grandioso con Dios. Cuando él respondía sus oraciones, la vida era buena y sentían que su fe era fuerte. Por tanto, niegan todas las dudas que socavan su fe, diciéndose: «Voy a fingir que esta crisis no me está pasando ahora. Sé que si puedo regresar de nuevo a la cima de la montaña, todo va a estar bien».

Hago ejercicios en el gimnasio con un hombre que perdió su trabajo hace poco. Estaba convencido de que Dios le daría otro puesto, así que nunca presentó ninguna solicitud ni buscó una oportunidad. Al final, tuvo que mudarse a donde un amigo y dormir en el sofá de este. Cuando le dije que una compañía dedicada a cortar césped en los patios estaba contratando empleados, me explicó que no le gustaba el trabajo manual y que estaba seguro de que Dios le daría uno mejor. Por supuesto, no le puedo echar en cara su fuerte fe en la providencia de Dios, pero a veces tenemos que bajar de la montaña y dejar que Dios nos ayude a enfrentarnos con el mundo real.

Hay quienes se deslizan hasta el valle y deciden descender más todavía. Dicen: «Muy bien, Dios, si no piensas hacer lo que sé que *podrías* hacer, ¡entonces me olvido de ti! Me regreso a la clase de vida que tenía. Si pudieras *ayudar*, pero no lo haces, es que no debes ser bueno, así que no puedo confiar en ti». Suponen erróneamente que Dios no los debe amar, porque no está dispuesto a hacer lo que ellos quieren que haga para aliviar su sufrimiento.

Mi amigo Ronny está situado en el mismo medio de esta segunda categoría. Cuando Ronny estaba en la escuela primaria, se encontró a su mamá muerta en la bañera. (Trágicamente, se había ahogado en medio de un ataque epiléptico). Solo podemos imaginarnos el sufrimiento incalculable por el que pasa un niño que encuentra el cuerpo de su madre sin vida. ¿Cuántas noches, cuántas semanas, cuántos meses estuvo llorando hasta quedarse dormido, tal vez culpándose a sí mismo por no haber estado al tanto de ella? Dispuesto a dar lo que fuera necesario para que ella volviera a la vida.

Hoy, Ronny tiene más edad que la de su mamá cuando falleció, pero hasta estos momentos se niega a hablar con Dios. Nunca olvidaré el dolor que vi en los ojos de Ronny cuando me dijo: «*Quiero* creer que Dios me ama, pero ¿cómo creer en un Dios que dejó que eso le sucediera a mi mamá? Si Dios existe y permite cosas como esa, no quiero tener nada que ver con él».

Por suerte, hay una tercera opción. Si, al igual que Habacuc, estamos dispuestos a apoyarnos en la adversidad que estamos pasando y a luchar con la forma en que Dios pueda usarla para conseguir sus propósitos, podremos comenzar a salir del valle. Sin embargo, es necesario que recuerdes que solo porque las cosas no van como tú quieres, no significa que Dios no esté haciendo nada. Pero estoy dispuesto a admitir que desde un punto de vista humano, sus intervenciones podrán parecernos misteriosas y hasta caprichosas. Permíteme que te dé dos ejemplos de mi propia vida. El primero tiene que ver con una respuesta a la oración; una respuesta que es milagrosa, pero que no es tan importante dentro del cuadro general de las cosas. El segundo se refiere a una oración personal mucho más importante por lo que pedía y por la necesidad que significaba.

Es algo que Dios podría hacer con facilidad, pero hasta el día en que escribo esto, no lo ha hecho.

En primer lugar, después de veintitrés años de matrimonio, Amy perdió su anillo de bodas. Puesto que yo estaba casi en la quiebra cuando le propuse matrimonio, el anillo no era muy costoso, pero habría sido imposible atribuirle un valor en dólares a su valor sentimental. Amy estaba inconsolable. Oraba, oraba y oraba para que Dios la ayudara a hallarlo.

Y no aparecía.

Ocho meses después, un domingo por la tarde, estábamos conversando acerca del mensaje que acababa de exponer en la iglesia. Tenía que ver con la capacidad de Dios para restaurar. Una y otra vez, durante ese mensaje, expresé: «Dios te puede ayudar a hallar lo que no deberías haber perdido». Así que Amy decidió orar de nuevo, usando esa afirmación clave tomada del sermón. Me dijo que daría cuanto fuera necesario con tal de que Dios al menos nos mostrara dónde estaba el anillo.

Y fue entonces cuando sucedió la cosa más loca que puedas imaginarte. Sentí una necesidad incontrolable de levantarme. Caminé junto al sofá y a dos sillas más, y me dirigí al extremo más lejano de la habitación, donde había una silla que estaba sola. Levanté el cojín color azul claro y allí, debajo de ese cojín, había una joya resplandeciente. ¡Era el anillo que se había perdido!

Yo no había visto nunca antes a Amy danzar como lo hizo.

Te podrás burlar y decir que todo fue una coincidencia, pero creo que Dios me mostró exactamente el lugar donde podríamos hallar el anillo que Amy había perdido.

Dios responde nuestras oraciones.

Ahora bien, aquí es donde las cosas se me confunden. Por más de diez años, Amy ha sufrido de infecciones crónicas en el aparato urinario. Esos ataques frecuentes son tan dolorosos que anulan toda su actividad normal. Ella ha probado todos los suplementos, las dietas, las vitaminas, las bebidas saludables y las sugerencias imaginables. Ha acudido a los mejores médicos y ha pasado por dos cirugías. Hemos orado para pedir su sanidad más veces de las que podríamos contar. Y sin embargo, Dios aún no la ha sanado. ¿Por qué Dios nos ayudaría a hallar una joya poco costosa y totalmente reemplazable y no se lleva el dolor crónico que ella padece? ¿Por qué respondería una oración que tiene mucho menos importancia, al mismo tiempo que permite que nuestro clamor mayor para pedirle ayuda quede sin respuesta?

Tal vez puedas identificarte con algo así.

Aunque no lo comprendemos, seguimos creyendo en Dios, escuchando su voz y esperando su respuesta. Y al igual que Habacuc, seguimos aferrándonos a él y confiando en él, aunque esa situación parezca no tener sentido.

El creyente que necesita algo y sigue abrazando a Dios, aunque las cosas no se pongan bien al principio, va a acercarse a Dios mucho más que en el pasado. Si observas a las personas que conoces que están más cercanas a Dios, muchas veces son las mismas que han atravesado los tiempos más difíciles, y Dios les ha demostrado que les es fiel. Su intimidad se fraguó por medio de conversaciones con él, en las cuales le presentaban su petición y después trataban de escucharlo pacientemente.

Nunca he visto esto de una manera más poderosa que en John, uno de mis mejores amigos. Hace alrededor de dos años, John notó un zumbido en sus oídos que se fue haciendo cada vez más y más fuerte, hasta que se volvió insoportable. Después de varias visitas a diversos médicos, le diagnosticaron una dolencia incurable llamada tinnitus. En una escala del 1 al 10, en la que el 10 representa el estado peor, su dolencia se halla en un 9,5. Muchas personas con casos menos graves que el de John no son capaces de soportar el dolor y el ruido, por lo que terminan suicidándose. Mi amigo te diría con sinceridad que no querría vivir, pero que está decidido a superar esta interminable pesadilla.

Un día, John tomó un avión rumbo a Atlanta para acudir a una cita con uno de los mejores médicos de la nación entre los que tratan el tinnitus. Una razón por la cual este médico es tan bueno, es porque sufre de esa misma dolencia. El médico le dio a John un aparato para el oído que había sido diseñado para crear otro ruido que compite con el constante sonido como de un tren de carga que él siente en la cabeza, con el fin de ahogarlo. Sin embargo, el médico admitió que era probable que no ayudara gran cosa en el caso extremo del que padece John. Ese sabio médico le explicó que lo mejor que él podía hacer era servir a los demás. Sí, leíste bien. La forma de olvidar el dolor es ayudar a los demás, de manera que nos olvidemos de nosotros mismos.

Y es eso exactamente lo que hizo John. Además de su momento acostumbrado para orar y estudiar la Biblia, comenzó a hacer más; mucho más. Él y su esposa iniciaron un pequeño grupo en el cual se entregan espiritualmente a los demás. Comenzaron a servir en la iglesia en diferentes funciones y «adoptaron» a una madre soltera con sus hijos para ayudarlos a salir de una situación muy mala. John me dice todo el tiempo que el zumbido que tiene en la cabeza es peor que nunca, pero que no le molesta tanto como antes. De vez en cuando, y entre lágrimas, me dice que nunca ha estado tan cerca de Dios como ahora. Y aunque nunca habría escogido este camino, ni se lo habría deseado a su peor enemigo, John se siente agradecido por él, porque la pesadilla de su condición lo ha ayudado a llegar a Dios de una manera más íntima.

La historia de John me recuerda una que aparece en el Nuevo Testamento. En ella, el apóstol Pablo se refiere a que padece de algo a lo que llama «una espina clavada en el cuerpo». Está en su segunda epístola a la iglesia de Corinto. El apóstol dice que él le ha pedido a Dios una y otra vez que se lo quite, pero Dios no lo ha hecho. Pablo describe su angustiosa oración así: «Dios mío, yo sé que tú puedes hacer algo con respecto a eso. Por favor, hazlo. Llévatela. Elimínala. Te lo ruego; por favor, quítame esto» (2 Corintios 12.7-8, paráfrasis mía).

Tal vez te identifiques con esto. «Por favor, sana a mi ser amado». «Por favor, consígueme un trabajo mejor». «Por favor, ayuda a que me acepten en mi universidad favorita». «Por favor, salva a mi papá». «Por favor, llévate esta depresión». «Por favor, quítame esta migraña».

Sin embargo, el aguijó seguía estando presente, y Pablo había llegado a entender que Dios lo estaba permitiendo con el fin de que se mantuviera humilde y dependiendo de él, de manera que pudiera hacer algo más maravilloso aún que simplemente llevarse ese padecimiento. Dios le había dicho: «Te basta con mi gracia, pues mi poder se perfecciona en la debilidad» (2 Corintios 12.9). Casi como si le estuviera diciendo a Pablo: «Mira. Yo te podría quitar esa espina, pero si lo hago, no te vas a acercar más a mí, ni vas a sentir una gratitud mayor por mi gracia».

Pablo lo comprendió. Por eso escribió: «Por lo tanto, gustosamente haré más bien alarde de mis debilidades, para que permanezca sobre mí el poder de Cristo. Por eso me regocijo en debilidades, insultos, privaciones, persecuciones y dificultades que sufro por Cristo; porque, cuando soy débil, entonces soy fuerte» (2 Corintios 12.9-10). No se limitó a oír la respuesta de Dios, sino que lo escuchó. Y esa sutil diferencia cambió la urdimbre misma de la personalidad de Pablo, de la misma manera que cambió a mi amigo John.

También puede cambiarte a ti. En tus momentos de mayor desespero, la presencia de Dios te puede sostener. Así como la resistencia en el gimnasio hace que tus músculos se vuelvan más fuertes, la resistencia en la vida fortalece tu fe en Dios. Con el tiempo, a medida que crezcas en la gracia de Dios, lo que normalmente habría estremecido tu mundo se convierte en algo que puedes tomar con calma, sabiendo que Dios está contigo y que te va a conducir cuando te sientas débil.

Es posible que no quieras escuchar eso ahora. Si no quieres, está bien. Me imagino que ese mensaje tampoco era lo que Pablo quería oír. Pero posiblemente haya servido para un propósito más elevado que él no habría podido comprender en esos momentos. Sin Pablo y su influencia, es posible que la fe cristiana tal como la conocemos hoy no existiera. Eso significa que este hombre común y corriente que se negó a creer que Dios lo había abandonado, podría ser al menos parcialmente responsable de la fe en Cristo que aún vemos a nuestro alrededor.

Pero es difícil ver el impacto que Dios crea a través de nosotros cuando estamos sufriendo.

Todos nuestros elevados principios y todas nuestras convicciones morales parecen desdibujarse cuando estamos mirando a través del lente resquebrajado de un corazón deshecho.

Entonces es cuando damos el siguiente paso por fe. Tal vez le hayas estado pidiendo a Dios lo que necesitas. Eso es perfectamente razonable; Dios quiere que nos acerquemos a él. Ahora bien, ¿estás dispuesto a escuchar lo que quiere decirte, aunque su respuesta no sea la que deseas oír? Sigue escuchando. Dios no va a abandonarte en tu momento de necesidad, sino que te mantendrá tenazmente cercano y te irá llevando en medio de tu dolor.

2.2

Escribe

Si queremos que nuestra fe se fortalezca, no deberíamos huir de las oportunidades en que pueda ser puesta a prueba y de esa manera, por medio de la prueba, quedar fortalecida.
—George Müller

¿Cómo reaccionas cuando la vida se estrella contra ti? ¿Cuáles son tus reacciones usuales, las cosas a las que recurres en busca de consuelo, alivio o huida? Si te parece que te estuviera preguntando por tus adicciones, es probable que lo esté haciendo, porque las adicciones suelen forjarse en torno a los ídolos a los que recurrimos cuando las cosas se nos ponen difíciles. En el caso de algunas personas, pueden buscar consuelo en la comida. En el de otras puede ser evasión por medio de las drogas, las fiestas, la televisión o sencillamente perder el tiempo manipulando el teléfono, la tableta o la computadora. Sea lo que sea, los medios de escapar suelen empeorar la situación.

Un buen amigo mío comenzó a tener problemas en su matrimonio. En vez de recurrir a otros cristianos o a Dios, apeló al alcohol. Y lo que al principio lo anestesiaba ante el sufrimiento, comenzó a destruir su buen juicio. Después de recibir una segunda multa por conducir bajo la influencia del alcohol, admitió por fin que tal vez necesitaría ayuda.

En el caso de la mayoría de nosotros, tratar de evitar una situación, o buscar consuelo en otro lugar, solo empeora las cosas. Terminamos más frustrados aún, porque nada cambia. Tal vez hasta nos sintamos culpables por no haber sido lo suficientemente fuertes para enfrentarnos al aguijón que se nos ha colado debajo de la piel, cualquiera que este sea. Al final, terminamos huyendo más lejos aun del único que realmente nos puede ayudar. Tanto si te encuentras en un estado de negación, como si te has dedicado a citar versículos de la Biblia, estás tratando de recorrer el camino de vuelta a tu última cima espiritual, o estás abandonando tu fe por completo o seguirás haciendo la vista gorda.

Mientras no estemos dispuestos a tener una conversación sincera con Dios —esa lucha cuerpo a cuerpo que tuvo Jacob, y que al mismo tiempo que lo hería también cambiaba para siempre su identidad—, no conoceremos la paz. Ahora bien, ¿qué hacer?

Habacuc nos orienta en nuestra travesía por el valle señalando tres acciones concretas. En primer lugar, como ya vimos, puso en tela de juicio la aparente injusticia de Dios. Luego decidió detenerse para escuchar a Dios cuando supo que intentaba destruir a su pueblo usando a los malvados babilonios. A continuación, tomó nota. Dios le dijo: «Escribe la visión, y haz que resalte claramente en las tablillas, para que pueda leerse de corrido» (Habacuc 2.2). Por último, y es probable que esta acción sea la más dura de todas, Habacuc se dio cuenta de que necesitaba esperar que llegara el tiempo de Dios. Tenía que confiar en que Dios sabía cuál era el mejor tiempo para llevar a su pueblo de vuelta a la cima de la montaña.

No es que yo sea muy viejo en realidad; no todavía, al menos, pero parece como que cada vez que voy a una tienda, se me olvida algo, salvo que lo lleve escrito. Sí, yo soy *ese* personaje que ves corriendo desde la fila para pagar hasta el pasillo número doce en busca de una botella de kétchup. Aunque solo se trate de dos o tres artículos, a menos que estén escritas en un papel o en la aplicación de Notepad que tengo en mi teléfono, parece que no puedo recordar nada de lo que Amy me pidió que comprara. ¿Era helado de chocolate con cerezas y nueces o con pepitas de chocolate, nueces y cerezas? Cualquiera pensaría que da lo mismo, pero no es así.

De manera que he aprendido a escribirlo todo.

Cuando Habacuc escribió su conversación con Dios, en la cual se incluía su promesa de liberar a su pueblo —permitiendo primero que los babilonios lo aplastaran—, estaba creando un documento público.

¿Por qué querría Dios que él hiciera eso? Parte de la razón debería ser evidente. Al hacer que sus palabras quedaran escritas, Dios se aseguraba de que las generaciones futuras, incluida la nuestra, vieran el cumplimiento de sus promesas. En esencia, Dios le estaba diciendo a Habacuc: «Escríbelo para que cuando yo demuestre que soy justo y veraz, todo el mundo pueda recordar que soy un Dios que cumplo mi palabra».

Cuando Dios te diga algo, escríbelo, porque tu enemigo espiritual es experto en robar las semillas de verdad que Dios quiere sembrar. Podrías tener un cuaderno solo para escribir esas impresiones o anotarlas en tu diario. Dios podría estar mostrándote algo; y si no lo escribes o lo registras de modo que puedas volver a verlo, va a ser demasiado fácil olvidar lo que te mostró.

No sabría decirte cuántas veces me ha sucedido eso a mí. Tal vez esté batallando con algo que no puedo comprender y orando al respecto. «Señor, ¿estás ahí? ¿Qué está sucediendo? ¿Qué quieres que haga en esta situación? ¿Cuáles son tus propósitos?».

Por eso, a veces, cuando siento que Dios está mostrándome algo, está dirigiéndome o hablándome al corazón, he aprendido a escribirlo; puesto que es inevitable que unos días más tarde esté pensando de nuevo sobre lo mismo y esté tratando de convencerme de que no haga caso a lo que él me indicó. «Bueno, no sé. Tal vez se debe a lo que comí tarde en la noche. Solo una indigestión por inspiración divina». Y así comienzo a dudar de lo que sabía con certeza solo un par de días antes. Al parecer, mi consciencia en cuanto al mensaje que Dios me ha dado parece desvanecerse a menos que lo ponga por escrito.

En cambio, cuando lo escribo eso se convierte en un ancla espiritual que me ata a Dios y a la constancia de sus promesas. «Sí, creo que Dios me ha hablado». Y mejor aún, tengo un punto de referencia que puedo volver a encontrar; ya no depende de mi estado de ánimo ni de lo que había comido la noche anterior.

Cuando desarrolles la disciplina de escribir lo que Dios te muestra y aquello por lo que estás orando, es posible que te asombres en algunos años por todo lo que él hace. George Müller fue un famoso evangelista que vivió en el siglo diecinueve. Un día se le destrozó el corazón al ver a centenares de niños sin hogar valiéndose por sí mismos en las calles de Bristol, en Inglaterra.

Con casi nada de dinero, decidió abrir un orfanato, y a lo largo de los sesenta años siguientes, el señor Müller ayudó a cuidar a más de diez mil huérfanos. A lo largo de todo su ministerio, fue guardando un registro de sus oraciones en un diario que al final ocupaba más de tres mil páginas. En una ocasión anotó que una noche no había comida para darles a los niños al día siguiente en el desayuno, así que le suplicó a Dios que hiciera algo. A primera hora de esa mañana, un panadero de la localidad tocó a su puerta. Cuando Müller le respondió, el panadero le dijo que no había podido dormir la noche anterior, por lo que se había levantado y había hecho tres hornadas de pan que había traído para los niños. En otra ocasión, un camión repartidor de leche se «accidentó» enfrente del orfanato, precisamente en un día en que no tenían leche que darles a los niños. Puesto que la leche se habría echado a perder por el calor, el conductor se la dio a los huérfanos. En total, Müller tenía registradas más de treinta mil respuestas directas a sus oraciones. Solo nos podemos imaginar la forma en que eso edificaría su fe, al ver la fidelidad de Dios manifestada delante de él una y otra vez, en blanco y negro.

Si te pareces en algo a mí, llevar un diario puede ser para ti un verdadero desafío. No sabría decir cuántos han sido los años en que me he comprometido a escribir uno como promesa de año nuevo, solo para olvidarla y desecharla a mediados de enero. Por último, hace algunos años pude avanzar. Alguien me dio un diario para cinco años que ha ayudado a mi relación con Dios más de lo que podría describir. En vez de presionarme para que escriba un par de páginas todos los días acerca de mis sentimientos, mis peticiones de oración y los sucesos importantes, este diario es sumamente sencillo. Cada página representa un día, pero al final abarca un total de cinco años. Por ejemplo, en el 1° de enero hay cinco líneas para escribir algo sobre el año actual. Entonces, inmediatamente debajo de esas cinco líneas hay otras cinco más para que las escriba el 1° de enero del próximo año. Y así sucesivamente. O sea que, en esencia, solo estoy escribiendo la quinta parte de una página cada día. Y a lo largo de un período de cinco años, veo lo que ha sucedido cada año en ese mismo día. ¿Qué es lo mejor de todo eso para mí? Que en lugar de escribir páginas enteras, solo tengo unas líneas que llenar, lo cual me facilita que continúe haciéndolo.

Durante el primer año, me pareció algo sencillo y un tanto gratificativo. La disciplina diaria me ayudaba a tener siempre a Dios primero, puesto que había escrito algo por lo que estaba orando a diario. En cambio, durante el segundo año noté algo que en realidad me impresionó. Cuando volví al mismo día del año anterior, para comenzar el del presente, me di cuenta de pronto de la gran cantidad de cosas que habían pesado sobre mí y que ya habían quedado totalmente resueltas. Los problemas que se habían solucionado. Los desafíos a los que me había enfrentado. Las oraciones que habían sido respondidas. Una preocupación con uno de mis hijos que se había resuelto y ya no estaba ni siquiera en la pantalla de mi radar. La pérdida de un valioso miembro del personal que me había parecido un gran revés, pero un año más tarde teníamos en ese mismo puesto a alguien que era más eficaz aun. Un reto sobre una amistad a la que se le había corregido el rumbo y ahora éramos más íntimos que nunca.

Escribir un diario con una mirada retrospectiva al año anterior me ayudaba a ver un cuadro más amplio. Una vez que dejé de sentirme obsesionado con mis problemas del presente y comencé a ver los del pasado, pude observé la variedad de maneras en que Dios es fiel, lo que no habría sido capaz de captar de no haber escrito ese diario. Y el poder de lo que entendí procedía de una disciplina sencilla: escribir las cosas.

TAL VEZ ESTÉS PENSANDO: «¡VAMOS, CRAIG! ENTIENDO LO QUE dices, pero yo no sirvo para escribir. Es una idea estupenda, pero ¿en verdad esperas que agarre mi computadora portátil, o más insensato aún, que agarre papel y lápiz para escribir lo que pienso que Dios me está diciendo?».

Sí.

Absolutamente.

Me entendiste bien.

Si estás pensando en serio atravesar este valle en que estás para salir al otro lado, te sugiero que hables con Dios, escuches lo que te diga y escribas lo que te parezca que te está mostrando. Haz palpable tu conversación con Dios. El acto mismo de poner palabras en una página o en la pantalla genera un testimonio, sella un recuerdo y te lleva a la necesidad de rendirle cuentas. Así que escribe los mensajes que Dios te dé.

Tal vez pienses que Dios te está diciendo que confíes en él. O creas que te quiere dar algo diferente; tal vez incluso algo mejor. O quizá sientas que te está guiando a hacer algo, acerca del problema, por ti mismo. Tal vez creas que está usando esta prueba para cambiar algo dentro de ti. Para enseñarte paciencia. Para enseñarte a confiar. Para edificar tu fe. Su demora no significa que te haya negado nada. Como en el caso de la viuda persistente de Lucas 18, él quiere que sigas creyendo y pidiendo.

Escríbelo.

Otro beneficio que se deriva del hecho de escribir lo que piensas que Dios te está diciendo, es que va a aumentar tu discernimiento. Algunas veces es cierto que comiste demasiada pizza la noche anterior. Sin entrar en todos los detalles acerca de la forma en que puedes aprender a escuchar cuando Dios te está hablando, permíteme que te recuerde tres cosas. Estas sencillas sugerencias puedes aplicarlas a lo que escribas para que te ayuden a discernir si eso que estás escribiendo procede realmente de Dios.

En primer lugar, recuerda que Dios habla a cada uno de nosotros de una manera diferente. Muy raras veces lo hace con una voz audible que retumbe desde el cielo; por lo general, se trata de un delicado susurro que brota desde tu interior, la voz de su Espíritu Santo dentro de tu corazón. También te puede hablar por medio de otras personas. Puede usar a tu pastor, a uno de tus padres o a un amigo íntimo para compartir contigo su sabiduría. Dios también puede usar las circunstancias para guiarte, para que aminores la marcha o para redirigirte a en cuanto a su plan. Y, por supuesto, Dios habla por medio de su Palabra para convencerte, guiarte y consolarte. Ahora bien, a ti te corresponde detenerte para escucharlo. Aíslate de las distracciones. Desconecta tu teléfono. Quédate solo en un lugar silencioso. Y escucha. Una vez más te repito que escuchar a Dios requiere que apartes un tiempo y un espacio para poder oírlo. Y cuando oigas lo que te diga, *escríbelo*. De hecho, Dios podría estar mostrándote algo en este momento, aun cuando lees este libro. Escríbelo en los márgenes o saca un cuaderno y anota lo que te esté diciendo.

En segundo lugar, Dios suele proporcionarnos una confirmación. Hace ya años, Dios me dio la visión de usar la tecnología para predicar a más personas en diferentes locales. Estaba muy seguro de que aquella idea provenía de Dios, pero como la mitad del equipo de la iglesia tuvo la misma idea al mismo tiempo, eso realmente nos lo confirmó a todos. Dios podría hablarte por medio de otras personas, por medio de los acontecimientos, por su Espíritu y por medio de su Palabra. A menudo, según el énfasis que tenga el mensaje, esas cosas pueden incluso coincidir. Una idea surge dentro de ti y te preguntas si te vendrá de Dios. Entonces, el sermón de esa semana habla de tu idea en una forma directa y con textos de las Escrituras que la respaldan. Después dos amigos tuyos que ni siquiera se conocen entre sí se comunican contigo y los dos te quieren hablar de esa misma idea. Cuando suceda algo así, te sugeriría que lo escucharas bien.

En tercer lugar, los mensajes que recibimos de Dios siempre reflejan su naturaleza; concuerdan con su Palabra. Un Padre amoroso y santo no te va a pedir que cometas actos malvados o que les hagas daño a otros deliberadamente en su nombre. Aunque a veces es posible que la verdad hiera cuando se la decimos a otros, nuestra labor consiste en amarlos con esa verdad; no en condenarlos con ella. Nada es demasiado bajo para nuestro enemigo. Con frecuencia, él trata de falsificar los mensajes de Dios. Pero el Señor no es un Dios de confusión. Si quiere decirnos algo, y estamos dispuestos a escucharlo de verdad, su mensaje se transmitirá.

Cuando escribas lo que Dios te diga, lo puedes usar, no solo como ancla sino también como prueba definitiva. Cada vez que lo consultes, podrás compararlo con lo que ves que está sucediendo a tu alrededor, y así te puede ayudar, guiándote en tus decisiones. Sé paciente y constante. Tal vez te tome años antes que aquello que él te diga llegue a concretarse, como sucedió con la visión que tuvimos con nuestra iglesia. Ahora bien, si Dios te hace una promesa, se cumplirá.

Solo es cuestión de tiempo.

2.3

Espera

*Enséñanos, Señor, las disciplinas de
la paciencia, porque muchas veces,
esperar es más difícil que actuar.*
—Peter Marshall

Con la tecnología 4G de los teléfonos inteligentes, el acceso
a Internet en cuestión de nanosegundos y los servicios de
entrega en el mismo día por parte de muchos grandes detallis-
tas, esperar se ha hecho más difícil que nunca. La mayoría de
nosotros ya no tenemos que esperar nada por mucho tiempo.
Piensa solamente en lo ansioso que te sientes cuando el dentista
está atrasado en su trabajo y te ves obligado a jugar tres juegos
más de eso que estás jugando en tu aparato móvil. Es para
volverte loco, ¿no es así?

Al parecer, Habacuc tampoco sentía mucho entusiasmo en
cuanto a esperar. Sin embargo, sí sabía que era la tercera cosa
que tenía que hacer si quería salir del valle del desaliento. Dios
le dijo: «La visión se realizará en el tiempo señalado; marcha
hacia su cumplimiento, y no dejará de cumplirse. Aunque

parezca tardar, espérala; porque sin falta vendrá» (Habacuc 2.3). La palabra hebrea traducida aquí como «tiempo señalado» es *mo'ed*, que se refiere al momento correcto, el tiempo fijado, el momento escogido por Dios en el cual él permite que suceda algo. Hay un viejo dicho según el cual Dios pocas veces llega temprano, nunca llega tarde y siempre es puntual. Todo lo anterior se resume en el vocablo *mo'ed*.

Cuando una mujer está embarazada, lleva al niño en su seno durante unos nueve meses, hasta que le llega su *mo'ed* para dar a luz. Y créeme que cuando llega la hora de que nazca ese bebé, esa es la hora y nada va a retardar su nacimiento. Lo sé por experiencia propia. Cuando nació Anna, nuestra tercera hija, estábamos esperando a que llegara el obstetra cuando Amy me miró entre dos contracciones y me dijo: «¡La bebé va a nacer!».

Yo pensé que debía tranquilizarla para que esperara en calma. «Lo sé, mi amor».

«No», me dijo con voz entrecortada; «lo que quiero decir es que la bebé va a nacer *¡ahora mismo!*».

Y así fue. Tuve que ayudarla en el parto de nuestra hija. Su cabeza emergió, de modo que la acuné y enseguida tuve que inclinarme para agarrarla como si fuera una bola baja. Me agradaría pasar por héroe, pero en el mismo momento en que ella estaba saliendo, me invadió el pánico y la solté sobre la cama. De acuerdo, solo fue una caída de unos cinco centímetros. Pero no aguanté la presión y la solté. En parte, me sentía orgulloso de no haberme desmayado. Pero también en parte, nunca he aceptado el haber dejado caer a mi hija.

Sencillamente, su momento había llegado. Yo no podía hacer nada para retrasar su llegada hasta que pudiera llegar el médico. Cuando llega el *mo'ed*, ni tú ni nadie puede hacer algo para adelantarlo ni para atrasarlo. Las cosas van a suceder y sucederán de acuerdo al horario de Dios.

Hasta ese momento, no podemos hacer otra cosa más que esperar y estar listos.

Cuando Dios te prometa algo en su Palabra o de otra manera, tal vez tengas que esperar un poco, pero puedes estar seguro de que sus promesas se van a cumplir. Ahora mismo, es posible que estés en espera de algo. Le preguntaste a Dios qué está pasando, lo escuchaste, has registrado lo que te dijo y crees que te ha mostrado algo. Ahora estás esperando y esperas, esperas y esperas. Tal vez estés comenzando a temer que no va a suceder nada.

Tal vez has estado orando —por lo que te parece una eternidad— para que alguien a quien amas se acerque a Cristo. Pero cuanto más fuerte oras, más parece alejarse de Dios esa persona. Así que esperas. Tal vez le estés pidiendo a Dios otra clase de milagro. Que alguien sea sanado. Que alguien quede libre de una adicción. Un ascenso. Un matrimonio. Así que oras. Esperas. Y esperas un poco más. Quizá un hijo rebelde te tenga el corazón destrozado. Has hecho todo lo que has podido para ayudarlo a volver. Has leído algunos libros. Lo has amenazado. Has sido misericordioso con él. Y hasta has creído que no puedes seguir creyendo. De manera que vuelves a hacer lo que ya has estado haciendo:

Esperas.

Si sientes que tu depósito de fe está a punto de agotarse, recuerda esto: Cuando Dios promete algo, lo cumple. Pero en *su* momento, no en el tuyo. Por si te puede ayudar, te diré que no eres el único. Parte de la maduración de todo creyente consiste en aprender a esperar en Dios y a que se cumplan sus promesas. Cuando acudimos a las Escrituras vemos un ejemplo tras otro de personas que fueron escogidas por Dios, cercanas a él, pero que aun tuvieron que esperar. Dios les prometió algo, pero tuvieron que esperar por eso. Veamos aunque sea algunos de ellos.

Dios le dijo a Moisés: «Voy a usarte para liberar a mi pueblo y reconstruir la nación de Israel». Entonces Moisés se lanzó a un viaje que duró cuarenta años. ¡Cuarenta años! Sucedieron tantas cosas con tanta rapidez en el éxodo de Egipto: las plagas, la primera Pascua, la salida apresurada de sus lugares y la rápida caminata por el centro mismo del Mar Rojo antes que se cerrara y ahogara al ejército del faraón.

Sin embargo, tras una salida tan dramática y después de varias generaciones de esclavitud en Egipto durante casi cuatrocientos años, no era sorprendente que los israelitas estuvieran ansiosos por llegar a su nueva tierra. Tal vez pensaran que iban a tardar algo para llegar allí. Unas pocas semanas. Quizás uno o dos meses. Pero ¿cuarenta años? Eso fue lo que tuvieron que esperar, pero Dios les cumplió lo prometido. Los guió hasta la tierra prometida.

¿O qué te parece José? ¡Ya sabes, el muchacho de la túnica de colores! Dios le dijo: «Vas a ser un gran líder sobre todos tus hermanos y sobre la nación entera». ¿Y qué sucedió? Que sus hermanos lo lanzaron al fondo de una cisterna sin agua. Lo vendieron como esclavo. Y después de eso, acusado falsamente por la mujer de su amo, fue enviado a prisión. Pasaron años antes que Dios cumpliera finalmente su promesa y lo elevara al segundo puesto de gobierno sobre todo Egipto. Eso sí que es esperar bastante.

Ahora, vayamos a uno de mis favoritos. El apóstol Pablo tuvo una visión y conoció a Cristo. Quedó transformado y dijo: «He sido llamado a predicar. Eso es lo que he venido a hacer en este mundo. Eso es todo. Tengo la obligación de predicar el evangelio. Esa es la única razón de vivir que me ha dado Dios». Y entonces esperó. Pasaron trece años antes que empezara a cumplirse esa razón de ser. ¡Trece años antes que lograra predicar su primer mensaje!

En algunas temporadas de la vida, todo lo que hacemos es esperar.

¿Qué hace uno mientras espera? Son muchas las personas que piensan que es como encontrarse en medio del tráfico o estar en una fila en una tienda de víveres. «De acuerdo. Aquí estoy, atascado. Voy a tener que esperar hasta que se acabe esto. No puedo hacer nada más».

Sin embargo, lo cierto es que ¡puedes hacer mucho!

¿Qué hace un mesero? *Espera* para atender a los clientes que necesitan que les sirvan una comida. Nosotros debemos hacer lo mismo. Mientras estamos esperando, deberíamos estar sirviendo a Dios todo el tiempo. No debemos limitarnos a sentarnos en un lugar, en espera de que suceda algo.

Esperar en él no significa que estemos inmóviles. De hecho, es posible que tengas que moverte más que nunca mientras estás esperando.

La Biblia nos dice: «Todo lo que hagan, de palabra o de obra, háganlo en el nombre del Señor Jesús» (Colosenses 3.17). De manera que, aun cuando no comprendamos lo que Dios quiere hacer, ni por qué tenemos que atravesar el valle por el que andamos, debemos seguir sirviéndole y hacer lo que sabemos que se debe mientras esperamos. Lo sé: eso es más difícil de lo que parece, *sobre todo* cuando te estás ahogando en un manantial de tiempos difíciles y emociones dolorosas.

Ahí es donde entra en acción la fe.

2.4

Por fe

*Da el primer paso por fe. No tienes que ver
toda la escalera; solo da el primer paso.*
—Martin Luther King Jr.

Cuando de fe se trata, siempre hay espera. En verdad, me agrada la forma en que la versión bíblica Nueva Traducción Viviente expone la seguridad que le da Dios a Habacuc: «Esta visión es para un tiempo futuro. Describe el fin, y este se cumplirá. Aunque parezca que se demora en llegar, espera con paciencia, porque sin lugar a dudas sucederá. No se tardará» (Habacuc 2.3). Es reconfortante saber que el tiempo de Dios es perfecto. Me encanta la forma en que lo presenta C. S. Lewis: «Tengo la seguridad de que Dios no deja esperando a nadie, a menos que vea que es bueno que espere». Podemos tener la seguridad de que Dios hará lo que sea mejor para nosotros en el momento preciso.

En mi niñez, cada vez que me metía en un problema, sobre todo si se trataba de algo que mi mamá descubría que yo no debía hacer, había una pequeña frase que me aterrorizaba: «¡Espera que tu padre llegue a casa!». Según la gravedad de la falta, ella recalcaba una palabra diferente: «¡*Espera* que tu padre llegue a casa!» o «¡Espera que tu *padre* llegue a casa!».

Mi padre era un hombre excelente y amoroso. Nunca hizo nada que me hiriera y siempre tenía presente mis mejores intereses cuando me disciplinaba. Sin embargo, como sucede con la mayoría de los jovencitos, el hecho de escuchar esas fatídicas palabras siempre me paralizaba por completo. Eso significaba que ya no era un simple «hice algo malo y mi mamá lo va a manejar». Ese delito caía en el territorio de «papá va a tener que lidiar con esto». Yo pensaba: «¡Oh, no! Es mejor que empiece a orar ya mismo». Entonces mi padre llegaba a casa, hablaba con mamá de lo sucedido, después hablaba conmigo y entonces trataba el asunto. La espera siempre era peor que cualquier castigo o consecuencia.

Sospecho que Dios usó un tono de voz parecido al de mi mamá cuando le dijo a Habacuc que esperara. Básicamente, le estaba diciendo a su profeta: «Comprendo que los babilonios son malvados y que tú piensas que se merecen alguna clase de castigo. Bueno, Habacuc, no te preocupes, que van a tener su castigo. Y va a ser fuerte. Solo espera. Yo soy el Padre celestial. Soy justo y recto, y ellos recibirán el castigo por sus pecados». Era sensato que Dios le pidiera a Habacuc que confiara en él y tuviera la seguridad de que, ciertamente, se aseguraría de que prevaleciera la justicia y la maldad sería destruida. Pero eso no iba a suceder de inmediato.

DIOS NO SOLO PROMETE QUE VA A CASTIGAR A LOS BABILONIOS, sino que también deja muy clara la razón por la cual van a recibir el castigo *de él*. Aquellos invasores enemigos eran unos engreídos increíblemente arrogantes. «Nosotros no necesitamos seguir las reglas de Dios. Somos demasiado fuertes para eso. Nuestra vida está en orden. Nos lo sabemos todo». Los babilonios se consideraban a sí mismos como la excepción a las reglas de Dios. «Esas leyes estarán bien para los israelitas, pero nosotros hacemos lo que nos plazca».

De manera que Dios hizo una lista con algunos de sus delitos mayores y describió la forma en que serían castigados. Dirigiéndose a los babilonios que eran ladrones, proclamó: «¡Ay del que se hace rico con lo ajeno!» (Habacuc 2.6). Van a pagar por lo que han hecho. Después llamó a los tramposos y engañadores: «¡Ay del que llena su casa de ganancias injustas!» (v. 9). Ya verán lo que les va a pasar. Los consagrados a la violencia no escaparon a su atención tampoco: «¡Ay del que construye una ciudad con asesinatos!» (v. 12). Y por último, en su lista de ayes, Dios señaló incluso a los que organizaban orgías; sí, a ellos les dijo: «¡Ay de ti, que emborrachas a tu prójimo!» (v. 15). Lo dice también de los paganos (vv. 15-16).

Me imagino que el hecho de que Dios mencionara por su nombre los crímenes y los delitos de los caldeos tiene que haber fortalecido la fe de Habacuc. Dios dijo con claridad que sabía *con toda exactitud* lo que estaba sucediendo. No estaba evadiendo las cosas. No se estaba preocupando de otra cosa. Es más, ya había decidido la manera *exacta* en que los iba a castigar cuando llegara el *mo'ed*.

Ah, sí… Espera que tu Padre llegue a casa.

INCLUSO EN LOS CASOS EN QUE NOS VEMOS OBLIGADOS A ESPERAR, muchas veces Dios nos refuerza sus promesas y nos recuerda su presencia. Puede hacerlo por medio de su Palabra, por un susurro, a través de alguna persona, o sencillamente por el hecho de creer por fe que él está con nosotros. Nos hace ver con claridad que no está evadiéndonos a nosotros ni a nuestras necesidades. A cambio de eso, nos pide que vivamos por fe, que confiemos en él y que le sirvamos durante el tiempo que estemos esperando.

No hace mucho, en el grupo pequeño nuestros íntimos amigos Rob y Dahrenda se sinceraron con el resto de los asistentes en cuanto a una prueba reciente. A pesar incluso de su inocencia, un pariente lejano les había puesto una demanda legal. Entre lágrimas, Dahrenda nos explicó lo mucho que Dios debía querer que ellos confiaran en él. Nos dijo: «Nosotros hemos hecho todo lo que sabemos que podíamos hacer. Ahora todo lo que podemos hacer es esperar». Siguió hablando, mientras se secaba las lágrimas. «Dios desea tanto tener nuestra atención y nuestro afecto, que permite que pasemos por esta prueba para enseñarnos a confiar en él».

Yo me quedé estupefacto mientras veía cómo su fe maduraba ante mis propios ojos, como una rosa que abre delicadamente los pétalos para florecer.

Estemos claros; ese tipo de madurez no aparece en un instante. Es un proceso que surge del tiempo que llevamos con Dios, y suele ser resultado de nuestro aprendizaje sobre lo que es confiar en él por medio de la dificultad. Esta clase de madurez nunca es sencilla, pero cuando la vemos en otros, nos fortalece más de lo que podemos imaginar. De hecho, si realmente quieres fortalecer tu fe, no conozco mejor recurso al que recurrir que el libro de Hebreos. Allí, en el capítulo 11, encontramos el «Salón de la Fama de la Fe», una lista de un gran número de personas que lucharon, esperaron, vivieron por fe y vieron cumplidas las promesas de Dios. Allí hallamos personas que han pasaron por cosas increíbles; por unas pruebas que nos parecen imposibles y, al final, experimentaron un nuevo nivel de intimidad con Dios al mismo tiempo que presenciaban más de su poder.

Por la fe, Noé obedeció a Dios y construyó un arca, salvando a su familia.

Por la fe, Abraham y Sara recibieron el hijo que Dios les había prometido, aunque ya habían pasado la edad en que podían tener descendencia.

Por la fe, José superó la traición, la esclavitud, las acusaciones falsas y la prisión para salvar a la nación de Israel.

Por la fe, el pueblo de Dios salió de Egipto y caminó por el Mar Rojo mientras este se abrió a ambos lados de ellos.

Por la fe, los israelitas marcharon alrededor del muro de Jericó y se derrumbó.

No se trataba de gente perfecta; de hecho, estaban muy lejos de serlo. Todos tenían sus luchas y sus dudas, sus errores y sus infidelidades, sus defectos y sus debilidades, pero perseveraron en su fe y esperaron en Dios una vez tras otra.

Por la fe, vas a salir de tu situación actual.

Piénsalo: si tuvieras en tu mano todos los detalles, no te haría falta la fe. Podrías vivir sencillamente basado en tu comprensión. Por tu lógica, no por la fe. Pero cuando hay algo que no comprendes, eso te da una oportunidad única para hacer más profunda tu fe. Oswald Chambers decía: «La fe es la confianza deliberada en el carácter de Dios, cuyos caminos es posible que no entendamos en el momento».

Michelle y Jonathan son dos de los miembros favoritos de mi personal, con los cuales trabajo continuamente en la iglesia.

Después de un par de años orando en cuanto a adoptar, decidieron que iban a hacerlo. Ahorraron dinero para cubrir los gastos, comenzaron a preparar una habitación en su hogar para un nuevo hijo y se reunieron con expertos en ubicación para que les ayudaran a encontrar un niño necesitado.

Aunque estaban dispuestos a adoptar un niño de cualquier edad, se emocionaron al enterarse de que una mujer que ya tenía dos hijos estaba embarazada y había decidido que lo mejor sería que diera en adopción a su tercer hijo. Aquella pobre madre tan abrumada se hallaba en medio de una pobreza extrema. Había estado batallando con la adicción a las drogas y tenía que lidiar tanto con los «papás de los bebés» como con sus hijos. En nuestra oficina celebramos lo que nos parecía una respuesta a nuestras oraciones por nuestros amigos.

Sin embargo, cuando nació la bebé, la madre biológica cambió de idea. Jonathan y Michelle estaban destrozados. Tristes, no solo por su pérdida, sino también porque les preocupaba que aquella hermosa bebé que ya amaban pudiera estar rodeada de unas circunstancias que posiblemente significarían que tendría una vida mucho más difícil.

Así que ese hermoso matrimonio hizo lo que cualquier otro habría hecho. Lloraron, lloraron y siguieron llorando. Cuando los vi a la semana siguiente, me sorprendió su firmeza espiritual. Después que les di un abrazo a los dos, Michelle me dijo con mucha seguridad que ellos sabían que Dios amaba a aquella pequeña mucho más que ellos. Por supuesto que aún estaban desilusionados, pero pusieron toda su fe y su confianza en el plan soberano de Dios.

Yo podía sentir en esa joven pareja una profundidad espiritual que iba mucho más allá de sus años. Al mismo tiempo que estaban luchando con su desilusión, estaban abrazando la bondad de Dios.

Así que, cuando tu matrimonio se esté destrozando y la gente que te rodea a ti y rodea a tu esposa diga continuamente cosas como «Es demasiado duro; lo mejor sería que hicieran los trámites y se divorciaran», mantente firme y recuerda los votos que hiciste, confiando en Dios por tu fe en que todas las cosas son posibles para él. Cuando tus hijos sigan tomando decisiones equivocadas y todos los demás digan: «Hay que ver qué enredados están; no hay esperanza para ellos», cree por fe que Dios está obrando en sus vidas para llevar bienestar a quienes lo aman y son llamados de acuerdo a sus propósitos.

Si Dios te promete un hijo, aun cuando hasta ahora no has sido capaz de concebir, cree por fe que te va a cumplir. Tal vez decida darte uno biológico o uno por adopción. Haga lo que haga, síguelo creyendo por fe. Quizás no tengas dinero suficiente para pagar las cuentas del mes, pero eres obediente a la Palabra de Dios y por fe, dale el diezmo a Dios y confía en que él es tu proveedor definitivo.

Escúchalo. Escribe lo que te muestre. Después, mientras esperas, continúa creyéndolo por fe.

La fe no es fe hasta que sea lo único a lo que te aferres. Si no tienes ninguna otra cosa a la cual aferrarte, sigue acercándote a Dios.

Sigue adelante, un paso tras otro, un día tras otro, aunque las cosas parezcan ir mal, siempre viviendo por fe. No te detengas. No te rindas. No vuelvas atrás.

Camina por fe.

2.5

«Una fe puesta a prueba»

Yo soy uno de esos que preferimos hundirnos
con la fe antes que nadar sin ella.
—Stanley Baldwin, Primer Ministro
de Inglaterra (1923-1937)

¿Qué sucede si vives por fe toda tu vida y, sin embargo, nunca ves cumplirse las promesas de Dios? ¿Puedes atreverte a creer que *aun así* cumplirá su promesa, aunque no la llegues a ver en tu vida terrenal? ¿Es posible llegar a una intimidad tan fuerte con Dios, que lo sigas amando y sirviendo a pesar de tu desilusión?

Habacuc es un buen maestro en esta lección, puesto que Dios cumplió su promesa y castigó a los babilonios en la generación siguiente a la suya.

Eso sí es esperar un largo tiempo.

Sin embargo, aun así, el Señor fue fiel.

Él siempre lo es.

Habacuc nos da cuatro breves palabras a las cuales nos podemos aferrar cuando nos parezca que Dios no nos ha cumplido lo que nos promete. Sin importar aquello por lo que estés pasando, nunca sueltes esas palabras.

Si realmente quieres salir del valle y acercarte más a Dios, a esto es a lo que te tienes que aferrar. Si quieres ser capaz de acercarte a Dios, pase lo que pase, estas son las cuatro palabras que necesitas recordar en tu camino a la intimidad y la máxima confianza en él:

«En cambio, el Señor...».

Hallarás estas palabras en Habacuc 2.20, donde el profeta, después de reconocer que a él sigue sin agradarle lo que está sucediendo, dice: «En cambio, el Señor está en su santo templo; ¡guarde toda la tierra silencio en su presencia!» (énfasis mío).

Aunque yo esté molesto, enojado, confundido, frustrado, desilusionado e impaciente, siempre recordaré quién es Dios.

El Señor sigue siendo el que tiene el control de todo.

Y es bueno.

Es justo.

Es veraz.

Es fiel.

Lo sabe todo, lo puede todo y está siempre presente.

Aunque el mundo parezca estar al revés, el Señor sigue estando presente.

Él es soberano y tiene un plan; uno mucho mayor que lo que puedo ver en estos momentos.

Tengo que respetar el hecho de que él es Dios, yo no.

Su tiempo no es el mío.

Sus caminos son más altos que todo lo que yo pueda comprender jamás.

Él es supremo en toda sabiduría, conoce tanto el fin como el principio.

Yo solo soy una persona; una criatura suya.

Él lo tiene todo bajo su control.

A VECES NUESTRA FE ES PUESTA A PRUEBA HASTA QUE SENTIMOS como que apenas quedara algo. Pero aquí tienes una noticia maravillosa: Jesús dijo que aunque solo tuviéramos una mota de fe, tan pequeña como una semilla de mostaza, podríamos mover montañas. Si quieres creer, usa todas tus fuerzas para conocer a Dios y confiar en él, aunque apenas te queden fuerzas.

¿Y qué sucede si basta con *querer* creer? ¿Y si esa diminuta cantidad de fe apenas notable sigue siendo agradable para Dios?

¿Y si el simple deseo de creer es la semilla de mostaza de la fe?

Vemos personas que fueron puestas a prueba en unas circunstancias igualmente dolorosas y hasta más personales aún que las de Habacuc. Lo que estaba en juego era la vida misma de Sadrac, Mesac y Abednego. Los tres se enfrentaron a un dilema terrible pero, en última instancia, su decisión fue sencilla. Dijeron: «El rey Nabucodonosor nos dice que nos debemos inclinar para adorarlo a él en lugar de adorar a Dios; de lo contrario nos va a lanzar a este horno encendido. No nos vamos a inclinar para adorar a un hombre, aunque ese hombre sea rey. Creemos que Dios nos va a librar. Creemos que Dios nos va a rescatar. Pero incluso si no lo hace, todo estará bien. No nos vamos a inclinar ante nadie que no sea el Señor nuestro».

¿Ves aquí esa fe profunda, interna e inconmovible en un Dios digno de confianza? Su fe no se basaba en el resultado que ellos deseaban; era una fe que solo se basaba en la naturaleza y la bondad de Dios.

En esencia, esos tres amigos de Daniel se mantuvieron firmes y declararon:

«Nosotros creemos que nuestro Dios puede hacerlo».

«Nosotros creemos que nuestro Dios va a hacerlo».

«Sin embargo, aunque no lo haga, seguimos creyendo».

¿Cómo es posible que estuvieran tan seguros? ¿Cómo podían estar dispuestos a morir antes que aprovechar una oportunidad que les salvara la vida, para pedirle perdón más tarde a Dios?

Porque creían que Dios lo tenía todo bajo su control, y con eso les bastaba a ellos.

Sabían que incluso si sufrían una muerte terrible e insoportable en medio de las llamas del horno del rey, Dios seguía siendo Dios. Creían que el Señor estaba en su trono, y que a ellos solo les tocaba cumplir con su parte, que era confiar en él.

¿Y qué decir de Job? ¡Eso sí que es contemplar cómo se destruye toda la vida de uno! Job lo perdió *todo*, pero no lograba entender por qué. Sus amigos le decían que era evidente que Dios lo estaba castigando, pero él no podía recordar nada que hubiera hecho que le desagradara a Dios, sobre todo de unas dimensiones semejantes. Hasta su esposa le dijo que debía maldecir a Dios y renunciar a aquel que se veía claramente que lo había abandonado. Él se negó. En vez de hacerlo, siguió viviendo por fe. Y entró en una intimidad con Dios mayor aún. Esto fue lo que dijo: «Aunque él me mate, en él esperaré» (Job 13.15, LBLA). Nada pudo despojar a Job de la fe que tenía en él.

Te asombrarías al ver la forma en que tus pruebas pueden revelar una profundidad de fe que nunca habías pensado poseer. En 1 Pedro 1.7 encontramos estas palabras: «El oro, aunque perecedero, se acrisola al fuego. Así también la fe de ustedes, que vale mucho más que el oro, al ser acrisolada por las pruebas demostrará que es digna de aprobación, gloria y honor cuando Jesucristo se revele».

Habacuc no recibió de Dios la respuesta que quería, pero siguió creyendo. Aunque su vida estaba a punto de volverse más difícil aún, tomó la decisión de mantener viva su fe. Sabía que Dios seguía siendo Dios. Sabía que Dios seguía siendo el que lo gobernaba todo. No importaba lo que él experimentara, porque seguiría acudiendo a esas cuatro pequeñas palabras cargadas de tan enorme poder:

«En cambio, el Señor…».

Las circunstancias extremas exigen una fe también extrema. Aquí tienes algo que espero que te aliente: ¿Te das cuenta de que una cantidad mínima de fe es, en realidad, una fe extrema?

Permíteme que te explique lo que quiero decir. En nuestra iglesia tenemos una familia cuya hija de veintiún años tuvo un serio ataque epiléptico. Por años había tenido esporádicamente algunos ataques menores, pero este fue diferente: esta vez no volvió en sí. Su familia entró en pánico y llamó a una ambulancia. Lamentablemente, Amy y yo estábamos fuera del país cuando recibimos la noticia. Pasaron varios días antes que pudimos finalmente regresar y visitar a esa familia. Y con cada día que pasaba, las noticias iban de mal en peor. Primeramente, los médicos dijeron que había sufrido daños en el cerebro. Después dijeron que su cerebro estaba muerto, lo cual significaba que no sobreviviría sin un sistema de soporte vital. Por último, recomendaron que la familia comenzara a hablar sobre el momento en que se le debía quitar el soporte vital a su hija.

Cuando entramos en aquella habitación, toda la familia estaba adolorida. Las lágrimas fluían libremente y no había palabra alguna que decir, de manera que nos sentamos ahí y nos abrazamos con ellos mientras transcurría un tiempo que nos pareció horas. Finalmente, la madre de la jovencita nos pidió que oráramos por su hija. Yo sabía cómo debía orar, pero por respeto a la delicadeza y la sensibilidad de esa situación tan desesperada, les pregunté cómo querían que orara. La madre, que era… bueno, digamos que no era precisamente la persona más involucrada y comprometida entre los que asistían a la iglesia, me miró con sus ojos hinchados y enrojecidos. Con solo un indicio de decisión, me dijo: «Yo sé que los expertos dicen que no hay esperanza, pero aun así, quiero creer que Dios la puede sanar».

Allí estaba la semilla de la fe.

No era gran cosa. Apenas se notaba. Una simple semilla.

Así que oramos. Y de la mejor manera que pudimos, creímos contra toda esperanza que aquella jovencita sería sanada.

Para serte sincero, como pastor que soy, este es el tipo de oración que hago con frecuencia. Muchas veces, unos días más tarde termino dirigiendo el funeral de esa misma persona. Esta vez, las cosas fueron diferentes. Al cabo de unos días, la chica comenzó a mejorar. Al cabo de unas semanas la dieron de alta. Dios había escuchado nuestra oración. Y había hecho lo imposible. El Señor estaba con esa familia.

También pasé un tiempo con otra familia cuya hija Bethany, de diecinueve años, tenía cáncer en el cerebro. Sus médicos estaban bastante seguros de haber logrado extirpar todas las células cancerosas en sus dos operaciones quirúrgicas.

Consideraban que Bethany tendría muchos años más de vida. Trágicamente, al cabo de unos nueve meses murió de repente. El cáncer había regresado con toda su fuerza.

Habrá quien me pregunte por qué Dios estuvo con la primera familia y no fue así con la segunda. Espero que puedas ver que Dios estuvo con las dos, solo que de diferentes maneras. En cuanto a la primera familia, Dios estuvo con ella como sanador. En cuanto a la segunda, estuvo con ella como consolador. Aunque pasaron por una de las pérdidas más graves de la vida, también experimentaron una de las medidas más profundas de la gracia de Dios. Él estuvo con ellos en todos los momentos de todos esos días tan angustiosos.

Su gracia fue suficiente para ellos.

Cuando ya no tenemos a qué acudir, cuando nuestras propias ideas y nuestros recursos se han evaporado, cuando nuestro control de la situación se ha hecho añicos, Dios sigue estando presente. Cuando nos duelen las rodillas de tanto estar arrodillados en oración, a pesar de no saber si él nos está escuchando, Dios sigue estando presente. Cuando la gente se ríe de nosotros, se burla de nuestra fe, Dios sigue estando presente. Cuando no sabemos si vamos a poder seguir adelante un día más, Dios sigue estando presente. Cuando la voz de nuestro enemigo nos está susurrando que lo mejor que debemos hacer es darnos por vencidos, Dios sigue estando presente.

Él te ama. Él está a tu favor. Él nunca te dejará ni te abandonará. Él nunca te va a decepcionar. Tal vez no haga exactamente lo que quieres. Sin embargo, siempre es fiel, por mucho que las circunstancias parezcan indicar lo contrario.

Pase lo que pase en nuestra vida, el Señor está en su santo templo.

TERCERA PARTE:

Esperanza y gloria

3.1

Recuerda

Si piensas que Dios te ha olvidado, es
que tú te has olvidado de quién es él.
—Anónimo

Hace poco, estaba hablando por teléfono para hacerle algunos cambios a nuestra cuenta bancaria. Para verificar mi identidad, la encargada del servicio al cliente me pidió el número clave de la cuenta. Yo le dije el que creía que era pero, evidentemente, le di un número equivocado. ¿Cuándo lo había cambiado?

Entonces me pidió no solo los últimos cuatro números de mi seguro social, sino también las direcciones de dos de nuestras casas anteriores y el nombre de mi mascota favorita en mi niñez (la cual, en caso de que te estés preguntando, no era un gato).

Por dicha, pude recordar todas esas cosas, aunque muchas de ellas se remontaban a diez, quince, incluso veinte años o más. Me maravillo de lo asombrosa que es la mente humana, sobre todo en cuanto a su capacidad para registrar y almacenar datos en forma de recuerdos. Como este tema me interesa, hice una pequeña investigación en Internet, donde leí sobre las diferencias entre la memoria a corto plazo y la memoria a largo plazo. En esencia, hay dos cosas que distinguen entre sí a estos dos tipos de memoria. La primera es la importancia que le atribuimos a aquello que estamos recordando. La segunda es la frecuencia con que pensamos en eso que recordamos o la frecuencia con que nos viene a la mente de forma espontánea.

Es obvio que hay cosas importantes, como nuestro número del seguro social y las direcciones de los lugares donde hemos vivido por largo tiempo, que se encuentran grabados en algún lugar de nuestra memoria a largo plazo. En cambio, los números clave y las contraseñas de la computadora, que cambian muchas veces al cabo de algunos meses, se nos pueden deslizar con mayor facilidad. Como nuestra mente está siempre consciente de que la importancia de las cosas de ese tipo es limitada, solo mantenemos un registro de ellas en la superficie de nuestra memoria. En el caso de la mayoría de nosotros, esta clase de detalles tiene una fecha de expiración. Esa es la razón por la cual pocas veces retenemos en nuestra memoria a largo plazo algún momento concreto de nuestra rutina diaria; ese momento tiene que ser realmente bueno o realmente malo, o destacarse por algún motivo entre lo que es común y corriente.

Por eso puedo recordar vívidamente la excelente cena con bistec que preparó Amy con amor para nuestro aniversario, pero no te puedo decir qué fue lo que comí en la cena de anoche. Por eso puedo recordar lo que mis hijos escribieron en mi última tarjeta del día del padre, pero no recuerdo lo que llegó ayer en mi correspondencia. Por eso recuerdo lo difícil que fue atravesar una temporada en la cual Amy estuvo realmente enferma y, en cambio, no recuerdo la última vez que tuve un resfriado.

Recordamos las cosas que tienen mayor importancia para nosotros, porque las volvemos a traer con frecuencia a nuestra memoria.

Te muestro el pequeño camino que toma mi memoria, porque una de las mejores ayudas para salir del valle es recordar lo que Dios ha hecho por nosotros. No solo lo que ha hecho por los personajes de la Biblia, por la nación de Israel, por nuestros padres o nuestros amigos o incluso por nuestra iglesia, sino lo que ha hecho por *mí*.

Habacuc comprendía eso. En el tercer y último capítulo de su libro encontramos su oración que se nos dice que es «según *sigionot*». Aunque los eruditos no saben con exactitud lo que significa la palabra *sigionot*, es probable que se trate de un formato musical o literario. Así que básicamente, Habacuc escogió una estructura artística específica o un marco dentro del cual presentar su oración. Aunque no sabemos cuál sea esta forma precisamente, me impresiona que el mismo hombre que le estaba haciendo unas preguntas a Dios que parecían más bien acusaciones, ahora haya cambiado su tonada. En Salmos vemos esta misma clase de movimiento de las dudas a la fe. Se parece a los momentos en que entonamos un canto de adoración que reconoce lo difícil que es la vida y, sin embargo, también reconoce lo mucho que podemos confiar en Dios. Es otro paso, un paso realmente gigantesco, en nuestra salida del valle.

Sin embargo, salir del valle no consiste únicamente en tratar de movernos y poner cara de felicidad cuando en realidad estamos sufriendo y atribulados. A veces hay quienes me dicen que no pueden llegar a la iglesia y entonar cantos animados como si se sintieran bien, cuando en realidad están sufriendo debido a que pasan por una crisis económica o una adicción por parte de un hijo, o por los resultados de unas pruebas médicas. Yo les digo que está bien, que aun así pueden adorar a Dios en la situación en la que se encuentren; todos podemos hacerlo.

Habacuc ora diciendo: «SEÑOR, he sabido de tu fama; tus obras, SEÑOR, me dejan pasmado. Realízalas de nuevo en nuestros días, dalas a conocer en nuestro tiempo; en tu ira, ten presente tu misericordia» (Habacuc 3.2). La forma en que comienza a hablar aquí es respetuosa y agradecida. Es como si estuviera diciendo: «Bueno, Dios mío, para serte sincero, en el pasado he visto temporadas en las cuales tu presencia me ha parecido más real que ahora. Entonces estabas haciendo cosas grandes. Y sé que esa es la clase de Dios que tú eres. Pero te ruego que hagas de nuevo esas mismas cosas a favor nuestro. Repite todas esas grandes proezas que sé que has hecho antes». En efecto, el vocablo hebreo traducido aquí como «realizar de nuevo» es el verbo *jayá*, que significa sencillamente «renovar, reavivar o restaurar».

A partir de este punto, la oración de Habacuc menciona unos lugares y sucesos muy palpables que van a despertar recuerdos espirituales en el pueblo de Dios. Menciona lugares específicos: Temán, el monte de Parán, Cusán y Madián. También menciona varias de las creaciones de Dios: las antiguas montañas, los ríos y las corrientes, los cielos y la tierra, el sol y la luna. Es posible que estos versículos no tengan en nosotros el mismo efecto que en los contemporáneos de Habacuc. No obstante el llamado a recordar lo que Dios ha hecho se mantiene constante, incluso para nosotros.

Aunque ciertamente podríamos investigar para evaluar los sucesos históricos que menciona Habacuc (y te recomendaría que lo hicieras en algún momento), básicamente su oración nos exhorta a traer a la mente nuestros propios recuerdos clave: esas personas, esos lugares, esos momentos y esas acciones providenciales que revelan la imagen general de la presencia de Dios en nuestra vida. Habacuc nos urge para que saquemos a la luz los recuerdos de Dios a largo plazo que tenemos, en vez de ser tan miopes que decidamos seguir revisando una y otra vez solo nuestras inquietantes circunstancias inmediatas.

Eso es algo interesante que tiene la memoria. Los científicos nos dicen que una de las formas más poderosas en que podemos recordar los sucesos del pasado es por medio de lo que llaman «memoria sensitiva». Es más, muchos estudios han sugerido que es probable que los olores sean los recuerdos sensitivos más poderosos de todos. En mi caso, esto es realmente cierto. Hay un perfume que Amy tenía puesto cuando nos conocimos y que, cada vez que lo huelo, pienso en... bueno, pienso en nuestros seis hijos, para que entiendas lo que quiero decir.

Tal vez cuando huelas el tentador aroma de un pastel de manzana que alguien está horneando recuerdes la casa de tu abuela o una cena especial que tu mamá solía preparar. Los cánticos pueden tener un efecto similar y llevarnos de vuelta a un momento y un lugar específicos de nuestra vida pasada. Si tienes más o menos mi edad, cada vez que escuches a Air Supply, Lionel Richie o Chicago, recordarás la primera vez que patinaste en pareja o tu baile de promoción en la escuela secundaria. (Y si eres mucho más joven que yo, es probable que te estés preguntando por qué alguien necesitaría de un suministro de aire [Air Supply en inglés], quién será ese Lionel Richie y qué estaba él haciendo en Chicago).

En cuanto al pueblo de Israel, cuando Habacuc mencionaba los nombres de aquellos lugares, le venían a la mente los recuerdos de las cosas que habían sucedido en ellos. Temán y el monte Parán son los lugares donde los israelitas se refugiaron después que Dios los liberara de la esclavitud en Egipto. De repente, los israelitas sentirían que los latidos del corazón se les aceleraban al recordar lo que fue salir corriendo por la puerta solo con la ropa que llevaban puesta, creyendo que la libertad ya no era un sueño, sino una posibilidad real. Podían oler el Mar Rojo y recordar la visión de aquellas inmensas paredes de agua que se cerraron tras ellos una vez que lo atravesaron. Es casi como si Habacuc les estuviera diciendo: «Oigan, amigos, recuerden cuando...» y los israelitas compartían todos esos recuerdos de lo que Dios había hecho por ellos.

Esa es la experiencia que tenemos nosotros con nuestros niños cuando les leemos una historia o imitamos una voz absurda, o les sacamos mágicamente una moneda de la oreja. ¿Cómo reaccionan ellos siempre? «¡Hazlo otra vez, papá!». Después de estar ya comprometidos, le di a Amy un libro de cuentos para niños llamado *Miffy's Bicycle*. Al principio, ella me miró extrañada, pero entonces le expliqué que esperaba con ansias podérselo leer algún día a nuestros hijos. Bueno, y así fue; seis hijos más tarde, he leído ese libro tantas veces que se le están cayendo las páginas. Noche tras noche, mis hijos me suplicaban: «¡Léelo otra vez, papá! ¡Y cuéntame esa parte de que se lo diste a mamá antes que yo naciera!».

A nuestros hijos les encanta ese relato, en parte porque saben en forma instintiva que los conecta con la historia, con sus orígenes, su familia, su lugar de procedencia. Habacuc comprendía el poder de esta clase de recuerdos. Por eso presentó una imagen llena de vida en la que Dios despliega su gloria y poder por medio de la naturaleza, ayudando así a los seres humanos a recordar.

Casi me lo puedo imaginar diciendo: «Dios mío, recuerdo lo que hiciste. Nos asombraste a todos con tu poder y tu gloria. Recuerdo cuando guiabas a tu pueblo por medio del fuego y de la nube. Recuerdo cuando nos alimentabas con pan del cielo. Recuerdo cuando se abrieron las aguas y las atravesamos caminando por tierra seca. Recuerdo cuando hiciste temblar la tierra y las murallas se vinieron abajo. Recuerdo cuando usaste unas lluvias torrenciales para derrotar a unas gentes que nos querían hacer daño. Recuerdo cuando enviaste pestes y plagas contra nuestros enemigos. Dios mío, recuerdo lo que puedes hacer. Ahora, por favor, renueva esos hechos en nuestros días».

CUANDO ESTOY EN EL VALLE, A VECES TODO LO QUE NECESITO ES recordar. Solo tengo que recordar todo lo que Dios ha hecho en mi vida; a mi favor, por medio de mí e incluso a pesar de mí. Vuelvo a aquel que sé que es Dios. Cuando no lo puedo ver en mi situación presente, recuerdo lo que él ha hecho en el pasado.

Recuerdo cuando estaba empezando la universidad y andaba más perdido de lo que te puedas imaginar, e invoqué el nombre de Jesús, pidiéndole… no, casi retándolo: «*Si* eres real, y si *estás* aquí, *haz* algo». Y lo que hizo fue tan sobrenatural que nunca olvidaré ese momento mientras tenga vida. Caí desplomado sobre mis rodillas, allí me encontré con él en oración y, entonces, cuando me levanté, era una persona totalmente distinta. Aún disfruto de ese momento.

También recuerdo la forma en que Dios trajo a Amy a mi vida. Sigue siendo el mayor milagro que pueda pasar el resto de mi vida con mi mejor amiga y compañera espiritual, y la madre de mi media docena de hijos maravillosos. La amo, y amo el don de Dios que fue y que sigue siendo.

Además recuerdo cuando nació nuestra hija Catie y cómo, siendo aún una pequeña, estaba ya tan enamorada de Jesús. Recuerdo cómo, cuando ella tenía unos tres años, tuvo contacto con una hiedra venenosa y terminó cubierta de una erupción de la cabeza a los pies. Aquella noche, antes de irse a dormir, me dijo: «Papá, Jesús me va a sanar, porque ya oré». Recuerdo que pensé: «Vaya, qué cosa tan dulce. Pero no sé lo que vamos a hacer si mañana le sigue esa erupción». Recuerdo que a la mañana siguiente, Catie entró corriendo en nuestra habitación, totalmente desnuda y llena de gozo, gritando: «¡Miren! ¡Miren! ¡Él me sanó!». Y la erupción. Había desaparecido. Por completo. Me maravillo al recordar ese momento y por la forma en que Dios escuchó la oración de una niña.

Recuerdo cuando Amy y yo éramos jóvenes, apenas estábamos comenzando en el ministerio y no teníamos dinero. Una vez oramos juntos: «Señor, no sabemos de dónde va a venir la comida mañana». Al día siguiente, recibimos un cheque por una devolución de fondos en el correo. Así sentimos que Dios comprendió por lo que estábamos pasando, que se interesó en nuestra situación y que proveyó para nosotros. Aún lo seguimos sintiendo así.

Recuerdo cuando empezamos la iglesia y nos acabábamos de mudar a un nuevo local en la cafetería de una escuela primaria. Un día me puse en pie delante de casi un centenar de personas y les dije con toda convicción: «La escuela nos ha dicho que no podemos seguir reuniéndonos aquí. Yo no sé a dónde vamos a ir, pero creo que Dios nos proveerá un lugar». Y recuerdo que el jueves de esa misma semana alguien nos permitió mudarnos a su edificio, una pequeña fábrica de bicicletas, y ya estábamos echando abajo paredes y reorganizando el espacio porque Dios nos lo había provisto.

Recuerdo cuando construimos nuestro primer edificio. Y cuando se comenzó a llenar cuatro veces en el fin de semana, y no teníamos dinero suficiente para construir de nuevo. Recuerdo lo que fue tener que rechazar personas porque no teníamos suficiente espacio para ellas. Recuerdo que oré diciendo: «Dios mío, te ruego que nos hagas un regalo milagroso». Y entonces otra iglesia cercana nos llamó para preguntarnos: «¿Podríamos unir nuestra iglesia con la suya?». Treinta días más tarde, sus miembros votaron a favor de darnos su edificio, en el cual no debían nada, y unirse a lo que nosotros estábamos haciendo. Recuerdo que me pareció aquel día tan milagroso como deben haber sentido el día de Pentecostés aquellos creyentes del siglo primero.

Recuerdo aquella vez en que fui a visitar a una señora en el hospital. Sus familiares me habían dicho: «Nos comunicaron que le queda menos de una hora de vida», y todos se reunieron allí para despedirse de ella. Recuerdo que oramos e inmediatamente después de haberlo hecho, sus signos vitales comenzaron a cambiar. Dos días más tarde, aquella dama se fue a su casa, sana.

Recuerdo aquel momento en que estaba hablando con una pareja después de un culto en la iglesia y me dijeron, entre lágrimas: «Lo hemos intentado todo durante siete años, pero sencillamente, no podemos tener un hijo. ¿Quisiera orar por nosotros?». Oré, y durante aquella oración sucedió algo que no había ocurrido nunca antes, ni ha vuelto a suceder después. Ni siquiera te puedo decir por qué diría esto, pero después de orar les dije: «Decoren la habitación para su hijo. Y decórenla en azul, porque dentro de nueve meses, Dios les va a dar un hijo varón». Nueve meses más tarde recibían a su niño.

Cualquiera que sea tu relación con Dios en este momento, tú también los tienes: esos recuerdos de cuando él estaba claramente activo en tu vida. Tal vez pienses que tus relatos no son tan importantes como los ejemplos que acabo de contarte. Recuerda: cada vez que Dios actúa y se revela, es un momento importante. Él nos está mostrando continuamente que está con nosotros y que nos ama. Tal vez se trate de aquel momento en que estabas sufriendo tanto, y encendiste la radio y escuchaste una canción que te pareció un mensaje especial de Dios para ti en ese instante. O puede haber sido algo tan sencillo como aquel día en que estabas leyendo la Biblia, encontraste un versículo y pensaste: «¡Oh, Dios mío! Si este versículo es para alguien, ese alguien soy yo». O cuando estabas deprimido y te sentías solo, y un amigo te llamó para decirte: «Perdona si esto te parece raro, pero Dios te puso en mi corazón y sentí realmente que te debía llamar».

¿Qué haces cuando estás en el valle?

Recuerda lo que ha hecho Dios. Cuando te consoló. Cuando te guió. Cuando respondió tu oración de la manera exacta que deseabas. Y cuando no hizo lo que tú querías, pero algún tiempo más tarde te diste cuenta de que era precisamente lo que necesitabas.

Y entonces te atreves a creer que lo que él ha hecho antes, lo volverá a hacer.

3.2

Acepta

No es negar. Solo se trata de ser selectivo
en cuanto a las realidades que acepto.
—Bill Watterson, *Calvin and Hobbes*

Hace varios años, cuando nuestros hijos aún eran jovencitos, pasaron por su primera crisis de fe. Aunque yo no
soy muy amigo de los gatos, siempre hemos tenido uno. ¿Por
qué? Porque a mis hijos les encantan. Y yo amo a mis hijos más
de lo que me disgustan los gatos. En fin, en aquel entonces
teníamos dos, llamados Cutie Pie y Pumpkin, y los chicos los
querían de verdad.

Una noche, mientras entrábamos con el auto, vimos cómo
un gato montés recorría a toda velocidad nuestro patio. Fue
una experiencia emocionante; los niños estaban realmente
alborotados, como si hubiéramos acabado de ver al Pie Grande
o algún ser parecido. Pero el hecho de haber visto ese gato
montés tomó un giro distinto a la mañana siguiente, cuando
Pumpkin no apareció para desayunar.

Durante cinco años, Pumpkin siempre estaba en el portal

a primera hora de la mañana, maullando y listo para comer. Así que como no se presentó aquella mañana, no pude menos que preguntarme si aquel gato montés no habría desayunado con un pequeño bocadillo de Pumpkin. No quise decir nada, pero después de la segunda mañana sin que Pumpkin apareciera todavía, los niños comenzaron a preocuparse y a hacer preguntas. Luego, comenzaron a orar.

Nuestros hijos varones tendrían unos cinco y siete años en aquel momento, y Joy tendría unos tres. Todos estaban muy serios y tristes, por lo que comenzaron a hacerme preguntas difíciles: «Papá, Pumpkin va a venir a casa, ¿sí? ¿Papá? ¿Sí? Porque nosotros hemos estado orando para que regrese. Así que va a volver, ¿verdad que sí? Porque Dios no querría que nada le sucediera a nuestra mascota. ¿No es cierto?».

«Bueno, de veras que espero que Pumpkin vuelva a casa», les respondí, sin hablarles de mis sospechas en cuanto a lo que le había sucedido. Como todo buen padre, puse por todo el vecindario unos carteles para avisar que se nos había perdido una gata, llamé a los refugios para animales que estaban más cercanos y anduve preguntando si alguien había visto a Pumpkin. Con cada cartel que poníamos, aumentaba el nivel de seguridad de los niños. Sabían que Dios les iba a traer de regreso a su gata.

Después de casi una semana, tuve que sentarme con ellos para decirles: «Miren, hijos, lo siento; en verdad, pero no creo que Pumpkin vaya a regresar». Fue un momento tierno, dulce y desafiante a la vez. Y aquellos pequeñuelos, con su maravillosa y ferviente fe, quisieron respuestas. «Pero papá… nosotros oramos. ¿Por qué Dios no nos trajo a casa nuestra gata?». Entonces tuve que explicarles que a veces Dios hace cosas que nosotros no comprendemos. Tal vez incluso cosas que nos hieren, nos desilusionan y nos dejan perplejos. Pero tenemos que aceptarlo cuando eso es lo que él decide.

A VECES INCLUSO, CUANDO RECORDAMOS TODO LO QUE DIOS HA hecho por nosotros, nuestras circunstancias no cambian. Hay ocasiones en que simplemente, tenemos que aceptar que la situación es ajena a nuestro entendimiento, y debemos seguir adelante. Pero también debemos darnos cuenta de que aceptar eso no implica negar la realidad de lo que estamos pasando, ni la de nuestros sentimientos acerca de ello. Solo significa que reconocemos la verdad de la situación, expresamos nuestros sentimientos y buscamos en Dios confiando en lo que él va a hacer.

Aceptar las cosas no es negarlas. Cuando aceptas lo que Dios está haciendo, no te limitas a reprimir tus sentimientos y dejar que se te muera el corazón al mismo tiempo que ensayas una sonrisa ante el espejo y aprendes versículos bíblicos de memoria. Cuando aceptas que Dios tiene pensado algo que no puedes ver ni comprender en esos momentos, no solo te tiendes en el suelo y finges que te has muerto, resignándote a sentirte desesperado. No; sigues orando para que él te haga un milagro, a menos que te diga algo diferente, como hizo con Habacuc. Pero no finges que todo está bien, cuando ves con claridad que eso no es cierto.

Por desdicha, con demasiada frecuencia vemos cristianos que se esfuerzan por hacer de su fe algo separado que tienen que soportar, como un abrigo de lana de una talla más pequeña que la de ellos, y que deben usar en el mes de julio. Tratan de actuar como si estuvieran serenos y calmados, cuando es evidente que no lo podrían estar de ninguna manera. Esa clase de cristianos me recuerdan a los avestruces, porque esconden la cabeza en la arena.

Son personas que hacen un mal uso de su fe; usan lentes de colores. Cuando el médico les dice: «Oiga, su salud no es muy buena. Necesita hacer algunos cambios. Tenemos que vigilar su corazón», no lo escuchan. En vez de enfrentarse a la verdad y aceptarla, todo lo que hacen es esconder la cabeza en la arena. Cuando su matrimonio se halla en un momento difícil y su cónyuge les dice: «Oye, necesitamos consejería», dicen cosas como estas: «Oigo lo que estás diciendo, pero por el momento vamos a limitarnos a confiar en Dios, y todo se va a resolver». Esconden la cabeza en la arena.

A veces, cuando la economía anda mal, esas personas dicen: «Pero si yo quiero esa casa. Dios me la prometió». Por eso, lo arriesgan todo y se meten en una deuda muy superior a lo que se pueden permitir. Incluso cuando todos los amigos en los que confían les aconsejan que no lo hagan, compran la casa «por fe». Y meten la cabeza en la arena. Cuando se aproxima la tormenta, hay cristianos que no se preparan para la realidad: el hecho inevitable de que los va a golpear. No se enfrentan a la verdad. Se limitan a meter la cabeza en la arena, fingiendo que todos seguimos estando en el huerto del Edén.

Tal vez Dios esté tratando de decirte algo por medio de tus circunstancias; algo como: «Saca la cabeza de la arena… ¡ya!».

En verdad, Habacuc no pudo mantener la cabeza dentro de la arena. Después que le preguntó a Dios y este le respondió diciéndole que iba a utilizar a los malvados babilonios para destruir a Israel, dijo: «Al oírlo, se estremecieron mis entrañas; a su voz, me temblaron los labios; la carcoma me caló en los huesos, y se me aflojaron las piernas» (Habacuc 3.16).

Su respuesta fue casi instintiva. ¿Conoces esa sensación —de que todo se viene abajo— que se apodera de tus entrañas cuando sucede algo malo que no puedes controlar? ¿Sabes que tu cuerpo trata de absorber lo que te está pasando; tus músculos se ponen tensos y duros, y tienes dolores de cabeza y de estómago? Bien, imagínate ahora que Dios te esté diciendo que va a usar al peor enemigo de tu nación para destruirla. A eso es a lo que se enfrentó Habacuc. Miró de frente a la verdad y dijo: «Estos tiempos no van a tener nada de divertidos. De hecho, van a ser terribles. Una gran cantidad de personas inocentes van a morir. Probablemente, gente que amo. Tal vez yo mismo. Se va a derramar mucha sangre. No me gusta, pero tengo que confiar en Dios, aunque no lo comprenda del todo».

Eso no es negación. Es fe. No fe en que Dios va a hacer lo que Habacuc quiere que haga, sino fe en la naturaleza de Dios. Habacuc luego afirma: «La mano soberana de Dios está haciendo algo aquí. Dios ha hablado, así que voy a aceptar lo que él está haciendo, por difícil que sea para mí».

En algún momento, algo va a suceder que no te va a agradar. Tal vez esté sucediendo en este momento. A veces todo lo que necesitas es más paciencia, una fe sincera, una confianza más profunda; aunque sepas que tu gata ya no va a regresar a casa. En ese caso, ¿cómo te las arreglas para salir del valle?

Recuerda lo que Dios ha hecho.

Acepta lo que Dios está haciendo.

Confía en lo que Dios va a hacer.

3.3

Confía

La mejor prueba de amor es la confianza.
—Joyce Brothers

Fue uno de los funerales más difíciles a los que haya asistido jamás; peor aún fue que tuve que tratar de dirigirlo. Bill, un íntimo amigo y firme miembro de nuestra iglesia, falleció de manera inesperada a los cuarenta y seis años, dejando tras sí a su esposa y cinco hijos. Toda nuestra comunidad hacía duelo junto con ellos. Su familia me había pedido que predicara en las honras fúnebres y, por supuesto, acepté.

No tenía idea qué decir ni sabía cómo comenzar. En un archivo tenía una gran cantidad de sermones para funerales y servicios conmemorativos, muchos pasajes bíblicos; sin embargo, nada de eso me parecía apropiado. Bill había sido un amigo muy cercano de nuestra familia y yo estaba sufriendo su pérdida junto con los demás, recordando las conversaciones que habíamos tenido, los chistes tan trillados que hacía y los proyectos en los que habíamos trabajado juntos.

Así que pasé al púlpito para comenzar el culto sin saber

aún qué decir. Empecé y me detuve titubeando. Hice una pausa. Aumentó mi emoción. Traté de comenzar de nuevo y no pude. Hasta que sentí que ya sabía qué decir; lo que Bill habría querido que yo dijera para comenzar su funeral. Respiré hondo y dije por fe algo que parecía casi imposible ante la pérdida de alguien como él.

«¡Dios es bueno!».

Hubo un momento de silencio, mientras todos los presentes parecían exhalar un suspiro, para luego responder unidos: «¡Todo el tiempo!».

Era como un suspiro espiritual de alivio. En nuestra angustia y confusión más profunda, todos reconocimos la constante bondad de Dios. Casi dos décadas más tarde, la gente aún habla acerca de ese momento. No nos fue fácil, pero hizo ver que estábamos dispuestos a seguir confiando en Dios a pesar de la agobiante tristeza que cubría nuestros corazones en aquellos momentos.

La confianza es necesaria para salir del hoyo y usar nuestra crisis de fe como un catalizador con el fin de alcanzar un nivel más elevado, más íntimo, en nuestra relación con Dios. Tenemos que tomar decisiones con respecto a lo que creemos que es cierto, usar nuestra fuerza de voluntad para actuar de acuerdo con esas creencias y aun así, seguir siendo sinceros en cuanto a la forma que toman las cosas para nosotros y en cuanto a cómo nos sentimos. Si permitimos que cualquiera de esos aspectos anule a los demás, terminaremos deslizándonos de regreso al valle.

Habacuc nos ofrece un asombroso ejemplo de lo que es una reacción saludable y equilibrada ante la que tuvo que ser posiblemente la peor de las noticias que pudo haber recibido de parte de Dios. Incluso mientras reaccionaba, se dio cuenta de que podía decidir qué iba a creer. Podía confiar en sus emociones. Podía confiar en su manera presente de considerar la situación. O podía confiar en que Dios, de alguna forma, sacara lo bueno de un escenario inconcebible: que los babilonios invadieran su tierra.

Entonces el profeta oró diciendo: «Al oírlo, se estremecieron mis entrañas; a su voz, me temblaron los labios; la carcoma me caló en los huesos, y se me aflojaron las piernas. Pero yo espero con paciencia el día en que la calamidad vendrá sobre la nación que nos invade. Aunque la higuera no florezca, ni haya frutos en las vides; aunque falle la cosecha del olivo, y los campos no produzcan alimentos; aunque en el aprisco no haya ovejas, ni ganado alguno en los establos; aun así, yo me regocijaré en el Señor, ¡me alegraré en Dios, mi libertador!» (Habacuc 3.16-18).

Aunque apenas se podía mantener en pie después de escuchar la devastadora noticia, aun las cosas no marchaban en la dirección que él esperaba, aunque los tiempos difíciles se acababan de poner peores de lo que él habría podido predecir, con todo, decidió regocijarse en la bondad de Dios. Como nos pasó a nosotros en el funeral de Bill, Habacuc sintió una angustia muy fuerte en su corazón, pero aun así, fue capaz de decir: «Dios es bueno».

En esencia, decidió confiar en Dios más que en ninguna evidencia concreta, física y palpable que encontrara. «Aunque mi cuerpo se haya vuelto un despojo humano, y aunque fallen todos los árboles frutales y las cosechas, aunque no tengamos ganado, me voy a regocijar en el Señor». ¿Es esto algo loco o qué es?

Hace ya años, estaba hablando un día con un consejero cristiano amigo mío acerca de todas las cosas asombrosas, dolorosas y terribles por las que pasa la gente. Yo le había dicho que a mí lo que más me cuesta es ver bebés que nacen con defectos terribles, niños que enferman de muerte y adultos jóvenes, adolescentes talentosos, llenos de bondad y que aman a Dios, que mueren de manera inesperada en un choque de autos o en un tiroteo en una escuela. Mi amigo estuvo de acuerdo en que esas cosas se encontraban entre las pérdidas más difíciles de enfrentar.

—Entonces, ¿qué les dices a las personas cuando acuden a verte con esa clase de pérdida imposible de imaginar, tan intensa e insoportable? —le pregunté.

Él me miró por un instante y después dijo en voz baja:

—La verdad.

Yo esperé a que siguiera hablando.

—Les digo que no les puedo dar ninguna buena razón para lo que les ha sucedido. Sin embargo, Dios sufre junto con ellos y de alguna manera va a usar eso como catalizador para un bien mayor.

Nos quedamos allí sentados un instante, en medio del poderoso silencio de su declaración.

—¿Y realmente lo crees? —le pregunté. No era que yo dudara de lo que él había dicho; yo solo sabía que mi amigo no habría podido decir aquellas palabras a menos que hubiera pasado por pérdidas insoportables en su propia vida.

—Lo creo —me dijo—. Me tomó mucho tiempo... años. Pero sí, lo creo.

Entonces me contó cómo había abusado de él en su niñez un amigo de su familia; me habló del alcoholismo de su padre, de sus intentos por huir de Dios en la universidad por medio de las drogas, el sexo y el alcohol.

—A veces —me dijo a manera de conclusión—, tenemos que lamentar las pérdidas que se producen en nuestra vida antes de poder abrir en nuestro interior un espacio donde nuestra fe tenga campo para crecer. Esa es la única forma de acercarnos a Dios cuando nos suceden cosas terribles.

ES POSIBLE QUE TE SIENTAS COMO SI LOS BABILONIOS YA HUBIE-ran destruido el escenario de tu corazón. Tal vez estés sufriendo aún por pérdidas que se produjeron hace ya años. Sin embargo, aun en medio de toda esa angustia, si puedes decidirte a confiar en Dios a pesar de todas las clases de evidencias que te indican lo contrario, avanzarás a un nuevo nivel de intimidad con él. En medio de tu sufrimiento, conocerás su presencia. Confiarás en su naturaleza, aunque no comprendas tus circunstancias. Así que, pase lo que pase, por dolorosa que sea la herida que haya en tu corazón, podrás seguir dando un paso cada día.

Así como sucedió con Habacuc, tu oración se torna sincera con respecto a lo que has perdido o vas a perder, al mismo tiempo de que te das cuenta de que aún cuentas con Dios.

«Aunque mi cónyuge haya dicho "hasta que la muerte nos separe", pero no haya estado a la altura de esa promesa, con todo yo me regocijaré en el Señor mi Dios».

«Aunque haya educado a mis hijos para que sepan lo que deben hacer en la vida y estén tomando decisiones alarmantes en este momento, con todo yo confiaré en el Señor mi Dios».

«Aunque hayamos orado para que mejore la salud de

alguien, y haya empeorado, con todo confiaremos en el Señor nuestro Dios».

«Aunque nuestra casa no se haya vendido y estemos a punto de perderla, con todo nosotros confiamos en el Señor nuestro Dios».

«Aunque nuestra economía se haya puesto difícil y vaya a costar cuatrocientos dólares reparar mi auto, con todo yo confiaré en el Señor mi Dios».

«Aunque no me guste, incluso aunque no lo comprenda, aunque yo sepa que él podría y debería ayudarme, pero no lo está haciendo, con todo yo confiaré en el Señor mi Dios».

3.4

Ten esperanza

La esperanza viva permite que tengamos dolor
y gozo al mismo tiempo. Nuestra esperanza
viva es una herencia que nos ha dejado Cristo.
—Tim Keller

Muchas personas han disfrutado viendo más de una vez la película *Sueño de fuga*, la historia de un hombre inocente condenado por el asesinato de su esposa, que fue sentenciado a cadena perpetua. Es una película inspiradora, una especie de clásico moderno, y ofrece un poderoso mensaje acerca de la libertad, el gozo y la esperanza.

Sin embargo, imagínate lo que sería hallarte en una situación de la vida real en la cual se te acusa erróneamente y se te condena por un crimen que ni siquiera eres capaz de imaginarte ni, mucho menos, de llevar a cabo. Imagínate que te acusen de asesinar, no a una persona, ni a dos, sino a *seis*, entre ellas cuatro niños. Imagínate que te sentencian a la pena capital por esos crímenes que no cometiste. Imagínate que te dan la fecha de tu ejecución, no una vez, sino *dos veces*, con un aplazamiento que llega en ambas ocasiones solo días antes de tu ejecución. Imagínate que pasas en prisión años y años, dieciocho en total, antes que algo cambie.

Anthony Graves vivió esa horrible experiencia. Finalmente fue exonerado de todo cargo y puesto en libertad después que su caso fue revisado por una profesora de Derecho y sus estudiantes con el Proyecto Inocencia, un grupo dedicado a echar abajo las injusticias legales en nuestro país. Sus experiencias habrían llevado a la desesperación a la más paciente y llena de fe de las personas. Su caso fue mal manejado en todos los niveles, y el procurador general de Texas citó que hubo «una atroz falta de ética profesional» por parte del fiscal acusador en este juicio.

Ahora bien, si hablas hoy con Anthony o lo oyes hablar acerca de sus experiencias, descubrirás que es una de las personas más optimistas, inspiradoras y llenas de esperanza que podrás conocer. Su credibilidad se sale por completo de lo normal. Es un hombre que sufrió injusticias a gran escala, perdiendo casi dos décadas de su vida, además de su reputación. Sin embargo, a lo largo de todo ese tiempo, Anthony nunca perdió su fe. Sí, decididamente, luchó con Dios, y en una ocasión llegó a tirar la Biblia contra la pared de su celda después de leer pasajes como el de Santiago 1 que dice que nos consideremos muy dichosos cuando tengamos que enfrentarnos con diversas pruebas.

No obstante, él se dio cuenta muy pronto de la realidad de su situación. Era inocente. Él y Dios (y por supuesto, el verdadero asesino) serían los únicos que lo sabrían, pero él se sentía más confiado con cada día que pasaba, en que Dios no lo había abandonado; por lo que, de alguna manera, sacaría algo bueno;

algo que él por su propia cuenta no se podía imaginar siquiera, de aquella terrible experiencia.

Dios le cumplió su promesa a Anthony Graves. Hoy Anthony habla, publica blogs y escribe acerca de la reforma de las prisiones, la pena capital y nuestro sistema legal. En la actualidad, su historia causa un impacto en centenares de miles de personas. Su fe en Jesús y su amor a Dios son ampliamente evidentes. Sabe lo que significa tener esperanza cuando se tienen todas las razones habidas y por haber para sentirse desesperado.

Esto también te puede suceder a ti.

HABACUC NO ESTABA PRESO, PERO SÍ SABÍA LO QUE ERA SENTIRSE limitado por unas circunstancias terribles. No obstante, como hemos visto, aún podía recordar todo lo que Dios había hecho por él, aceptar que Dios estaba preparando algo que los ojos de los seres humanos no alcanzaban a ver, y confiar en que Dios sacaría algo glorioso de las ruinas de su presente. Su oración termina así: «El Señor omnipotente es mi fuerza; da a mis pies la ligereza de una gacela y me hace caminar por las alturas» (Habacuc 3.19).

Al considerar aquello a lo cual este profeta sabía que se estaba enfrentando —y que iba a empeorar en gran manera cuando los babilonios entraran en la ciudad—, causa asombro que pudiera hacer una oración así. «Aunque la higuera no florezca [...] aunque en el aprisco no haya ovejas [...] aun así, el Señor está en su santo templo. Aunque las cosas van a empeorar antes de mejorar, que toda la tierra calle en su presencia. El justo por la fe vivirá. La palabra de Dios es veraz. Yo voy a hallar mi fortaleza y mi esperanza en el Señor mi Dios, y él me llevará a nuevas alturas».

Es como mi amigo Jade, un hombre que conocí en un trabajo que tuve durante la escuela secundaria. Lamentablemente, Jade se había arrinconado él mismo debido a unas horribles decisiones pecaminosas. Después de engañar a su esposa, no una vez sino dos, ella se cansó. Cuando lo abandonó, Jade se angustió profundamente por sus pecados y reconoció con claridad que se había apartado del buen camino. Volvió a la comunión con Dios, a actuar con corrección, pero su vida seguía siendo un desastre. En esos momentos no había evidencia alguna de que su vida fuera a mejorar jamás de la forma que nos agradaría ver a todos. Pero no se ha dado por vencido. Cuando lo veo, le recuerdo que Dios está con él. Y cada día, la fortaleza de Dios es la que lo mantiene animado, lo ayuda a atravesar los sufrimientos de su estado actual. Aún no hay ninguna historia de milagros: su matrimonio no ha sido restaurado; sus hijos siguen estando enojados. Y él no ha encontrado ninguna motivación nueva para su vida. Pero yo sé que sé, estoy segurísimo, que Dios lo seguirá sosteniendo a diario y llevándolo a una nueva historia de restauración que se irá desarrollando con el tiempo. Porque el Señor está en su trono. Y él siempre es fiel.

Aunque tú o yo nos estemos sintiendo como un insecto aplastado bajo el peso de unas circunstancias como las de Habacuc, observa que él se compara con una gacela, un animal brioso, a punto de subir hasta las alturas. A punto de ascender desde el valle del desespero, la depresión y la desolación hasta alcanzar la cima de la montaña.

Frente a lo que nos parece insoportable, increíble, no podemos hallar una respuesta mejor que la de Habacuc. Aunque no saques nada más de este librito, tengo la esperanza de que recuerdes lo que significa el nombre de Habacuc: Luchar. Y abrazar.

A veces no podemos notar la diferencia.

Recuerdo cuando Joy, mi hija más pequeña, tenía apenas cuatro años y estaba jugando lanzándose por una cuerda en el patio de la casa de una amiguita. Como era demasiado pequeña para evitar el choque con el árbol que estaba al final de la soga, se golpeó la cara contra el grueso tronco. Aún puedo recordar que oí aquel *¡pum!* y vi que la cara se le llenaba de sangre. Cayó al suelo inconsciente.

En medio del pánico, le tomé el pulso. Aún lo tenía, aunque no tan fuerte como yo habría querido. La llevamos a toda prisa a la sala de urgencias, donde los médicos comenzaron a hacerle exámenes y todo lo que pudieron para asegurarse de que estaba bien. Una vez que recuperó la conciencia, trataron de suturarle la herida que tenía debajo de la barbilla. Pero Joy no quiso. Se agitó, batalló, gritó y batalló más aún.

Entonces la tuve que mantener inmóvil.

Estaba sobre ella, sosteniéndole el cuerpo y la cabeza, mientras el médico le vendaba cuidadosamente las cortadas y las suturaba. Aquello fue horrible. Ella gritaba muy fuerte mientras sollozaba: «Papá, ¿qué está pasando? Por favor, suéltame. Por favor. Diles que paren. Yo quiero jugar. Por favor. Yo solo quiero jugar. Por favor, no dejen que me hieran». Pero yo sabía que para sanar de la forma debida, ella tenía que pasar por aquello.

Estoy convencido de que muchas veces pasamos por tiempos así, en los que pateamos, gritamos, peleamos con Dios y, en realidad, todo lo que él está tratando de hacer es sostenernos y guiarnos mientras atravesamos la tormenta. Le queremos hacer preguntas y exigir respuestas, echarle la culpa y hacer que remedie de inmediato nuestra situación. Pero él sabe que eso no es posible, por nuestro propio bien. Así como yo sabía que tenía que mantener inmóvil a Joy para ella sanara, a veces Dios tiene que agarrarnos de unas maneras que a nosotros nos parecen rígidas y limitantes.

Luchar y abrazar.

Ambas cosas a un mismo tiempo.

3.5

Cree

Creo en el cristianismo como creo en que
el sol ha salido: no solo porque lo veo, sino
porque gracias a él, veo todo lo demás.
—C. S. Lewis

La esperanza es algo interesante. Cuando realmente confiamos en Dios, tenemos algo que esperar; una especie de expectativa divina en cuanto al lugar hacia el cual él nos lleva. También tenemos una seguridad en la cual podemos descansar, con la certeza de que, por malas que parezcan estar las cosas, él sigue teniendo el control de todo y está de nuestra parte. Y tenemos el deseo de que se produzca un cambio, probablemente en nuestras circunstancias, pero más importante aún, en nuestro corazón. Queremos estar más cerca de Dios. Cuando sumamos todas esas cosas, recibimos la clase de esperanza que nos permite ascender más allá de nuestras circunstancias y nuestra confusión del presente.

En Proverbios se nos dice: «La esperanza frustrada aflige al corazón; el deseo cumplido es un árbol de vida» (13.12).

También leemos en Proverbios: «Donde no hay visión, el pueblo se extravía» (29.18). El poder de la esperanza tiene algo que nos reaviva y nos capacita para perseverar.

Es asombroso los que podemos soportar cuando tenemos una razón para hacerlo.

Nadie ha podido ilustrar esto mejor que Jesús. Cuando se arrodilló en el huerto de Getsemaní, sabía lo que tendría que soportar. Los golpes. Los azotes. Las burlas. La tortura. La humillación.

Sin embargo, Jesús siguió adelante. Se mantuvo fiel a su Padre.

¿Cómo lo logró? El escritor de la Epístola a los Hebreos nos permite vislumbrarlo. Hebreos 12.2-3 dice: «Por el gozo que le esperaba, soportó la cruz, menospreciando la vergüenza que ella significaba, y ahora está sentado a la derecha del trono de Dios. Así, pues, consideren a aquel que perseveró frente a tanta oposición por parte de los pecadores, para que no se cansen ni pierdan el ánimo» (énfasis mío). Todo lo que necesitaba Jesús era una razón para atravesar todos aquellos sufrimientos. Una buena razón para permanecer allí. ¿Cuál era esa razón? Era «el gozo que le esperaba».

Tú eras la razón por la que él vino.

Tú eras el gozo que le esperaba.

Si uno no sabe siquiera hacia dónde va, ¿qué sentido tiene que siga adelante? Sin esperanza, es difícil salir del valle y mantenerse fuera de él.

¿Qué estás esperando en este momento? Tal vez sea el emparedado de jamón y queso suizo en pan de centeno que vas a comerte en el almuerzo. O encontrarte con tu amigo después del trabajo para tomar un café expreso doble en tu cafetería favorita. O asistir a esa fiesta en la casa de tu hermana este fin de semana. O irte de vacaciones a la playa en el próximo verano. O ver la expresión en el rostro de tu hijo cuando abra el regalo que le acabas de comprar. O recibir tu bonificación anual.

No hay nada de malo en esperar ninguna de esas cosas. Pero, por lo general, las cosas que esperamos en el futuro, las cosas en las que hemos fijado nuestras expectativas, son solo momentos de gratificación a corto plazo. Al fin y al cabo, podemos tener virtualmente todo lo que queramos con mayor rapidez que casi todos los demás seres humanos de la historia. ¿Melocotones frescos, incluso durante las bajas temperaturas invernales de enero? No hay problema. ¿Un préstamo para un auto, a pesar de que tu crédito no es nada bueno? Hay muchos lugares donde les encantaría ayudarte. ¡Pídele a tu celular que te dé instrucciones punto por punto sobre cómo llegar a la fiesta y te las irá diciendo en voz alta!

No obstante, por lo general, las cosas más importantes son las que requieren más tiempo. Establecer unas relaciones amorosas. Confiar en alguien. Ver crecer a tus hijos. Hallar un trabajo en el que te sientas realizado. Claro, las cosas pequeñas te ayudarán a pasar el día, o la semana, o el mes.

Sin embargo, solo la esperanza en el Señor puede ayudarnos en el trayecto de la vida.

La verdadera esperanza requiere y depende de la seguridad, fundamento firme de su poder. Así lo explica el autor de Hebreos para hacernos entrar a ese Salón de la Fama de la Fe por el que ya caminamos en la segunda parte: «La fe es la garantía de lo que se espera, la certeza de lo que no se ve» (Hebreos 11.1). Pero todos sabemos lo difícil que puede ser ejercitar nuestra fe cuando no podemos ver ninguna razón concreta en la cual fundamentarla. Por tanto, de acuerdo a su propia definición, nos parece que la fe está haciendo algo para lo cual nosotros no tenemos ninguna base lógica. Y sin la naturaleza de Dios y nuestra relación con él, como fundamentos, lo mismo daría que pusiéramos nuestras esperanzas en Papá Noel o en nuestro teléfono celular.

Sea lo que fuere aquello que vemos y que sentimos, Dios es más real que todo lo demás en la vida. Y me doy cuenta de que todos esos conceptos y esas ideas abstractas pueden empezar a parecer un poco confusas y sin conexión alguna con las pruebas de verdad y las bancarrotas por las que podamos estar pasando. Sin embargo, esas cosas *sí* importan, y las Escrituras explican de esta manera su relación: «Así que nos regocijamos en la esperanza de alcanzar la gloria de Dios. Y no solo en esto, sino también en nuestros sufrimientos, porque sabemos que el sufrimiento produce perseverancia; la perseverancia, entereza de carácter; la entereza de carácter, esperanza. Y esta esperanza no nos defrauda, porque Dios ha derramado su amor en nuestro corazón por el Espíritu Santo que nos ha dado» (Romanos 5.2-5).

Esta es mi opinión sobre el avance desde el sufrimiento hasta la intimidad con Dios: Cuando estamos sufriendo porque estamos atravesando por tiempos difíciles, le tomamos la Palabra a Dios y creemos que sigue teniendo el control de todo con un propósito específico. Así que seguimos adelante, confiados en él. A medida que vamos siguiendo adelante, hora tras hora, día tras día, semana tras semana, nos vamos fortaleciendo más. Nuestra fe crece, nuestra madurez crece, nuestra confianza en Dios crece. Cuando seamos más fuertes, entonces nuestra esperanza estará puesta en la bondad de Dios, no en las circunstancias. Aprendemos a no confiar en nuestros sentidos y confiamos en las promesas de Dios.

Si aún quieres creer, entonces Dios saldrá a tu encuentro en medio de tus esfuerzos por creer. Aunque hayas lanzado tu Biblia al otro extremo de la habitación, como hizo Anthony Graves, o hayas amenazado a Dios con el puño cerrado, o lo hayas puesto en tela de juicio, como hizo Habacuc, Dios honrará la apasionada sinceridad que hay en tu búsqueda. Si realmente quieres experimentar la intimidad con Dios y la forma en que cuida de ti mientras pasas por las pruebas, y anhelas que más que tus esperanzas, sean tus circunstancias las que cambien y tu consuelo el que regrese... y entonces él te acompañe a ti en todos y cada uno de tus pasos.

Es más fácil hablar de ese peregrinar de la fe, que llevarlo a la práctica. Lo sé. Y muchas veces, como hemos visto, es cuestión de nuestro punto de vista. Solo para destacar esta idea, tengo un pequeño poema que creo que te va a ayudar. Estos versos fueron escritos por un joven de nuestra iglesia llamado Kyle McCarty cuando solo tenía quince años.

El poema de Kyle

Dios no me ama
No me puedes obligar a creer que
Dios es bueno
Esta es la gran verdad de la vida

Este mundo es producto del azar
Cómo puedo yo creer que
Dios va a usar mi vida
Estoy totalmente seguro de que
Dios me ha abandonado
Nunca más diré que
Cristo resucitó de los muertos
Más que nunca en mi vida ahora sé que
El hombre se puede salvar a sí mismo
Debemos darnos cuenta de que es ignorancia pensar que
Dios responde las oraciones
Los cristianos afirman que
Sin Dios este mundo caerá en las tinieblas
Este mundo puede satisfacer mis necesidades
Es mentira que yo diga que
Dios siempre ha estado presente para ayudarme
Ahora me doy cuenta de que
Haga lo que haga
Lo cierto es que
Él no me ama
Cómo puedo suponer que
Dios es bueno

Espera. Antes que pienses que me he vuelto loco o que deseché todo lo que te he dicho hasta ahora, te voy a pedir que leas este poema una vez más. Solo que esta vez, al leerlo, me gustaría que hicieras un pequeño cambio: léelo al revés, comenzando por el final.

Comienza en el primer verso y ve leyendo al revés hasta llegar al primero.

Tómate tu tiempo. Te esperaré aquí mismo.

¡Vaya! Ahora las cosas sí que son distintas, ¿no es cierto?

Muchas de las cosas por las que pasamos funcionan de la misma manera que este poema. Todo lo que vemos es lo que tenemos delante de nosotros. No podemos explicar por qué Dios permite tanto sufrimiento y tanta injusticia en nuestra vida y en el mundo que nos rodea.

Ahora bien, con tiempo, con paciencia, con enfoque, comenzamos a ver las cosas de una manera diferente. Nos damos cuenta, por lo general en retrospectiva, que Dios ha sacado algo maravilloso y totalmente inesperado de entre las cenizas de nuestra pérdida, nuestra angustia y nuestra aflicción.

Una de esas cosas más importantes es una fe más fuerte, nacida de un amor más profundo por él.

Habacuc sabía que nuestro punto de vista cambia, aun a pesar de que el de Dios sigue siendo siempre el mismo.

«Aunque la higuera no florezca, ni haya frutos en las vides; aunque falle la cosecha del olivo, y los campos no produzcan alimentos; aunque en el aprisco no haya ovejas, ni ganado alguno en los establos; aun así, yo me regocijaré en el SEÑOR, ¡me alegraré en Dios, mi libertador!» (Habacuc 3.17-18).

Con todo, yo me regocijaré en el Señor.

Pase lo que pase.

Conclusión

Cuando dudas y crees

La resistencia no es solo la capacidad para soportar
algo difícil, sino para convertirlo en gloria.
— William Barclay, ministro escocés

N o se suponía que sucediera.

David, el hermano de Amy, ingresó en el hospital en la víspera de la Navidad a causa de algunos problemas respiratorios. Tenía un resfriado muy fuerte y su médico quería asegurarse de que no desarrollara una neumonía o algo más grave. Ellos sabían, tal como todos nosotros, que su hermano, un hombre de treinta y cuatro años, era susceptible a contagiarse con todo tipo de infecciones puesto que su sistema inmune estaba debilitado.

Al cabo de una semana, todavía estaba en el hospital y no mejoraba. Pocos días más tarde empeoró su situación. Por supuesto, Amy y yo, con toda nuestra familia, habíamos estado orando todo el tiempo. Pero entonces convocamos a todas las personas que conocíamos para que nos ayudaran a orar. Yo me comuniqué con otros pastores que eran amigos míos y con sus iglesias en diversas partes del mundo, y les pedí a todos que oraran por nuestro ser amado.

La historia de David era maravillosa y estaba seguro de que Dios lo iba a seguir usando de maneras milagrosas. Después de haber salido de una oscura vida llena de sufrimiento y de rebelión, había vuelto a Cristo y se había convertido, no solo en un creyente firme, sino también en un gran hombre de Dios, esposo, padre y líder de la adoración. David amaba apasionadamente a Dios, y quería que los demás supieran por lo que él había pasado, para que sintieran ánimo al saber que Dios podía, y quería, ayudarlos a atravesar sus propias pruebas.

Estaba seguro de que Dios sanaría a un poderoso embajador suyo.

Seguimos orando y pasó una semana más. Hubo un momento en que calculé que había decenas de miles de personas en el mundo entero orando por la recuperación de David. Dios iba a sanar a mi cuñado. Yo estaba seguro.

Solo que no lo hizo.

David falleció pocos días más tarde.

Todos quedamos devastados.

Dios no se había manifestado en la forma que nosotros queríamos.

A PESAR DE LO DIFÍCIL QUE FUE, CONTRIBUÍ EN LA PREDICACIÓN expuesta en el funeral de David. No puedo decir lo doloroso que era ver las lágrimas en los ojos de mi esposa y en los de todos los demás miembros de nuestra familia. Aún no lo comprendíamos, y nos dimos cuenta de que tal vez nunca podríamos comprender por qué Dios no había respondido nuestras oraciones. Pero, incluso en medio de toda nuestra angustia, agradecimos a Dios porque había transformado la vida de David y lo había recibido en su hogar. Con esa extraña mezcla de tristeza y gratitud, decidí predicar el evangelio.

Eso era exactamente lo que David habría querido. Y era exactamente lo que Dios también habría querido.

Yo sabía que estarían presentes un gran número de familiares, incluso algunos que pocas veces asistían a la iglesia, razón de más para querer exponer la verdad acerca de la gracia de Dios y el sacrificio de Jesús en la cruz. Por trágica e ilógica que pareciera la muerte de David, deseaba hacer todo lo que estuviera a mi alcance para que su pérdida se convirtiera en el catalizador por el que otros comenzaran a pensar en su posición con respecto a Dios.

Y Dios se movió de una manera poderosa. Aquel día, docenas de personas decidieron confiarle a Jesús su corazón y su vida. No se trataba solo de sus emociones por la angustia de haber perdido a David. El Espíritu Santo estaba obrando de manera palpable en aquel servicio. Nadie lo ignoró. Eso no hizo menos difícil nuestra tristeza por haber perdido a David, pero sentíamos un consuelo especial al saber que Dios estaba usando su vida, y también su muerte, para atraer personas a Cristo y causar en todos los presentes un impacto de una manera demasiado profunda para poderla describir.

Te cuento esta historia porque es una de las experiencias más sencillas y poderosas que he tenido en cuanto a sentir esa clase de fe semejante a la de Habacuc, de la que hemos estado hablando; la clase de fe que abraza y lucha a la vez; la clase que pone a Dios en tela de juicio y sin embargo, confía en él. Aunque extraño mucho el tener a David con nosotros no puedo negar que, ciertamente, Dios ha seguido usando su partida como una oportunidad para acercar a sí a muchas personas; gente que de otro modo nunca habrían oído y escuchado las buenas nuevas del evangelio.

Años más tarde, Amy dijo que echaba de menos a su hermano. Hablamos acerca de eso durante un rato y, cuando sentí que era el momento apropiado, le pregunté algo sobre lo cual me estuve cuestionando por bastante tiempo. «Creo que los dos estamos de acuerdo en que Dios usó la vida y el fallecimiento de David para hacer un impacto en muchas personas», comencé a decirle. Ella asintió. «Pero Amy, si pudiéramos traerlo de vuelta a esta vida, aquí con nosotros, tendríamos que renunciar a todo el bien que Dios ha hecho, ¿aceptarías ese cambio?».

Sin titubear, Amy me contestó con firmeza: «De ninguna manera. Un día veré de nuevo a David en el cielo, y también lo verán una gran cantidad de personas, gracias a lo que Dios hizo por medio de él. El plan de Dios fue bueno, siempre lo es».

Entonces ambos lloramos y le dimos gracias a Dios porque sus caminos son más altos que los nuestros.

Ignoro la situación por la que estás pasando, ni a qué acabas de sobrevivir. Y ninguno de nosotros sabe a qué nos enfrentaremos mañana. Sin embargo, lo que sé es esto: Nuestro Dios es un Dios bueno, que nos ama lo suficiente como para haber sacrificado a su amado Hijo, el mayor don que nos pudo dar, para que podamos conocerlo; para que podamos glorificarlo en la tierra; para que podamos pasar la eternidad con él en el cielo.

Él nos ama mucho. Y podemos amarlo a él, o a cualquier otra persona, solo porque él nos amó primero (1 Juan 4.19).

Cuando ocurren cosas difíciles, y lo más que puedes hacer es querer creer, eso es suficiente. No dejes de querer creer. Permite que esa chispa de esperanza crezca, confiando en que Dios está allí mismo, junto a ti. Al igual que el padre de aquel muchacho que estaba poseído, ora y pídele a Dios que te ayude a superar tu incredulidad. Al igual que Habacuc, haz tus preguntas y permanece preparado para escuchar las respuestas de Dios.

Tal vez hayas notado que el libro de Habacuc tiene tres capítulos cortos. En el primero, Habacuc duda. En el segundo, espera. En el tercero, acoge la bondad de Dios.

Oro para que crezcas hasta tener esa clase de fe como la de Habacuc, que encontramos en el capítulo 3. Pero esta es tu situación: no puedes tener una clase de fe como la del capítulo 3, mientras no hayas pasado por la clase de preguntas del capítulo 1 y la clase de espera del capítulo 2. Puesto que espiritualmente, Dios hace más en el valle que en la cima de la montaña.

Los que se hallan más cerca de Dios han llegado allí solo porque se han mantenido subiendo por el sendero de la fe desde los valles de su vida. En vez de intentar retroceder, recorriendo esos pasos que los llevaron a otra cima, se apoyaron en las dificultades y han luchado con Dios, cuestionándolo y, al mismo tiempo, confiando en que él es bueno, que va a usar todo para lograr sus propósitos, y que los volverá a traer más fuertes, mejores y más cercanos que nunca. Ellos saben que este proceso es el que demuestra en última instancia la fidelidad, la naturaleza, la bondad y el amor de Dios.

No tengo todas las respuestas a tus preguntas, pero después de amar a Dios y servir a Cristo por más de treinta y nueve años, esto es lo que te *puedo* decir: He caminado con Jesús suficientes ayeres como para confiarle todos mis mañanas. Por simple que esto te parezca, espero con toda sinceridad que puedas sentir esa misma seguridad, y oro para que así sea. Si no ahora mismo, entonces pronto, algún día.

¿Quieres estar más cerca de Dios? ¿Quieres esa intimidad con él más que una vida cómoda, fácil y libre de problemas?

¿Quieres saber que él está contigo y se preocupa por ti, cualquiera que sea la situación por la que estés pasando?

Entonces duda todo lo que quieras, siempre que nunca dejes de creer. O al menos, nunca dejes de querer creer.

Puedes tener esperanza en medio de las tinieblas. Porque a medida que crezcas en el conocimiento de Dios, él te revelará más aún su amor, su fidelidad y su gracia. Y con el tiempo, te darás cuenta, creerás y abrazarás la realidad de que, aun cuando la vida se vuelva difícil, Dios sigue siendo bueno.

Preguntas para reflexionar

INTRODUCCIÓN

Lee Marcos 9.14-29.

En la introducción vimos brevemente el relato sobre el padre y las luchas de su hijo. El padre quería creer Jesús podía ayudar a su hijo, pero como no había pasado nada, estaba batallando para tener fe en que Jesús pudiera hacer algo con respecto a su problema.

Pregunta 1: ¿En qué aspecto de tu vida estás luchando para creer que Dios puede hacer algo?

Pregunta 2: ¿Qué piensas que podría edificar tu fe para que creas que Dios está contigo y que te puede ayudar?

PRIMERA PARTE: EL JUEGO DEL ESCONDITE

1.1: Dios mío, ¿dónde estás?

Lee Salmos 6.2-3, 6-7 y Mateo 27.45-46.

Los autores del libro de Job, Lamentaciones, Eclesiastés y Jeremías manifestaron sus dudas. En algunos círculos cristianos casi se nos desanima en cuanto a expresar unas dudas reales y sinceras. El mensaje implícito es que, si tienes alguna duda, es porque no tienes una fe real.

Pregunta 1: ¿Cuándo has dudado de que Dios se involucre en nuestra vida o de que sea bueno?

Pregunta 2: ¿Alguna vez han terminado tus dudas ayudando a fortalecer tu fe? Explica tu respuesta.

1.2: ¿Por qué nada parece importarte?
Lee Habacuc 1.2-4.

> ¿Hasta cuándo, Señor, he de pedirte ayuda
>   sin que tú me escuches?
> ¿Hasta cuándo he de quejarme de la violencia
>   sin que tú nos salves?
> ¿Por qué me haces presenciar calamidades?
>   ¿Por qué debo contemplar el sufrimiento?
> Veo ante mis ojos destrucción y violencia;
>   surgen riñas y abundan las contiendas.
> Por lo tanto, se entorpece la ley
>   y no se da curso a la justicia.
> El impío acosa al justo,
>   y las sentencias que se dictan son injustas.
>
> —Habacuc 1.2-4

Nos es fácil confiar en Dios cuando las cosas van como nosotros queremos. En cambio, cuando sucede algo que consideramos injusto, es frecuente que nos ataquen las dudas. Habacuc luchó con sus preguntas sobre la injusticia. Esencialmente, le estaba preguntando a Dios: «¿Por qué nosotros clamamos y tú no haces nada? ¿Por qué toleras sus malvadas acciones? ¿Por qué dejas que los criminales queden sin castigo mientras sufren los inocentes?». Si alguna vez has luchado con unas injusticias evidentes, no eres el único.

Pregunta 1: ¿Cuáles son las injusticias que ves hoy a tu alrededor (en tu vida personal, en tu comunidad, en la nación y en el mundo entero)?

Pregunta 2: ¿Qué impacto tienen esas injusticias evidentes en tu fe en Dios? Sé sincero.

1.3: ¿Por qué no haces algo?

Lee Salmos 56.8.

David clamó diciendo: «Toma en cuenta mis lamentos; registra mi llanto en tu libro. ¿Acaso no lo tienes anotado?». Observa cómo en el salmo 56 y en tantos salmos más, David clama a Dios con sinceridad, angustiado y profundamente desesperado. Es frecuente que los cristianos tengamos temor a ser francos y sinceros con Dios (como si no conociera ya nuestros pensamientos). Pero David, e incluso Jesús, no se contuvieron cuando estaban sufriendo. Es cierto, Dios es lo suficientemente grande como para encargarse de nuestros clamores y cuestionamientos. ¿Qué tal si lo que él prefiere, en lugar de que finjamos que todo va bien cuando en realidad no es así, es que corramos a él con un corazón lleno de sufrimiento, pero también franco y sincero?

Pregunta 1: ¿Cuándo fue la última vez que le hiciste a Dios una pregunta sincera o expresaste tu ira hacia él? ¿Cómo te sentiste después?

Pregunta 2: ¿Qué hay en tu vida en estos momentos que necesites presentarle a Dios? ¿Tienes alguna duda sincera? ¿O una frustración profunda? ¿O desaliento? ¿Qué te está impidiendo que seas totalmente sincero con Dios?

1.4: Me parece injusto

Lee Salmos 10.1-18.

Habacuc no tenía temor de plantear preguntas realmente difíciles. Como ya señalamos, la palabra hebrea usada para describir el mensaje de Habacuc es *massá*, lo cual significa «una declaración que es una mala señal, una condena, una carga». Para fortalecer nuestra fe, Dios no se limita a usar sucesos comunes y corrientes; sucesos normales. De vez en cuando usa una expresión amenazante, una condena, una carga. En el libro, pregunté: «¿Y si para acercarte más a Dios, desarrollar una intimidad genuina con él, necesitas cargar algo que te parece insoportable? ¿O escucharlo a través de una expresión amenazante, confiar en él en el momento de la maldición o acoger su fortaleza cuando te debilita una carga que llevas encima? ¿Y si es necesario un dolor real para sentir una esperanza profunda y permanente?».

> Pregunta 1: Describe un momento en que Dios haya usado algo doloroso para atraer tu atención y terminar acercándote más a él.
>
> Pregunta 2: ¿A qué lucha te estás enfrentando ahora? (Esa lucha podría ser tuya o de alguno de tus seres amados). ¿Qué está haciendo Dios en ti por medio de esa lucha? ¿Qué te está enseñando?

1.5: Una crisis de fe

Lee 2 Corintios 12.6-10.

Como observamos antes, Henry Blackaby describe lo que él llama una «crisis de fe», una temporada de luchas y dudas sobre Dios y su bondad. Muchas veces, esos momentos de lucha son provocados por alguna clase de desaliento, revés o desafío. Muchos cristianos bien intencionados dicen que Dios no nos da más de lo que podamos manejar. Sin embargo, eso sencillamente no es cierto. (El versículo que cita está en 1 Corintios 10.13, que en realidad dice que Dios no permitirá que seas *tentado* más allá de lo que puedas soportar). Ocasionalmente, Dios permite que tengas más de lo que puedes manejar, para enseñarte a depender de él. Si tienes preguntas, Dios es lo suficientemente grande para tratar con ellas. Incluso es posible que tus preguntas te lleven a confiar en él como nunca antes lo hiciste.

Pregunta 1: ¿Cuáles preguntas querrías hacerle a Dios con respecto a tu situación actual?

Pregunta 2: Es muy probable que tu pregunta comience con las palabras «Por qué». Tal vez así: «¿Por qué permitiste que...?» o bien, «¿Por qué no hiciste...?». ¿Podrías hacer una pregunta diferente, pero esta vez comenzando con la palabra «Qué»? Algo así como: «¿Qué me estás mostrando?» o bien, «¿Qué propósito tienes al permitir...?».

SEGUNDA PARTE: PERDIDO Y HALLADO

2.1: Escucha

Lee Salmos 46.10 y Juan 10.1-5.

Cuando las cosas no van como deseamos, la mayoría de nosotros le hablamos a Dios acerca de lo que nos molesta. Sin embargo, tal vez sea una disciplina más valiosa aún que le hablemos a Dios y después lo escuchemos. Jesús llegó a decir en Juan 10 que conoceríamos su voz.

Pregunta 1: Describe un momento en el cual crees que escuchaste a Dios. Tal vez te haya dirigido con su Palabra, motivado por medio de su Espíritu, bendecido con un cántico o consolado por medio de un amigo.

Pregunta 2: ¿Cuándo fue la última vez que detuviste todo para quedarte totalmente quieto, escuchando la voz de Dios? ¿Qué sucedió cuando lo hiciste?

2.2: Escribe

Lee Habacuc 2.2.

Dios le indicó a Habacuc: «Escribe la visión, y haz que resalte claramente en las tablillas, para que pueda leerse de corrido» (Habacuc 2.2).

Cuando era nuevo creyente, un amigo me dio una Biblia nueva con mi nombre grabado. De inmediato me exhortó a subrayar mi versículo favorito y escribir la fecha en el margen de la página, junto a ese versículo. Recuerdo que yo no quería escribir en la Biblia, sino conservarla nueva y limpia. Él me explicó que hacer apuntes en la Biblia acerca de lo que estaba aprendiendo y de los versículos que quería volver a leer más tarde se convertiría en una de las mayores herramientas para mi crecimiento espiritual. ¡Y tenía razón! Ahora, años más tarde, tengo demasiadas notas como para poder contarlas, están escritas en todas las páginas de varias biblias; además que uso mi aplicación de la Biblia electrónica llamada YouVersion.

Pregunta 1: ¿Hay algo que Dios te haya mostrado recientemente y que no quieras olvidar? ¿Te comprometerías a escribirlo? Si vacilas, pregúntate: «¿Por qué no?».

Pregunta 2: ¿Tienes un lugar o un método destinado a recoger las lecciones, verdades y revelaciones que recibes de Dios? Si lo tienes, descríbelo. Si no lo tienes, ¿qué podrías hacer para guardar y atesorar esos poderosos regalos de Dios? (Sugerencias: un diario, un servicio en línea, una aplicación en tu teléfono celular).

2.3: Espera

Lee Salmos 27.13-14, Lamentaciones 3.25 e Isaías 40.31.

No conozco a nadie a quien le encante tener que esperar. Si un programa tarda mucho cuando se baja a la computadora, o si una fila en la tienda es demasiado larga, enseguida me dedico a otra cosa. Sin embargo, con respecto a Dios, muchas de sus bendiciones mayores se encuentran al otro lado de la espera. En una ocasión leí una cita que decía: «José esperó quince años, Abraham esperó veinticinco, Moisés esperó cuarenta y Jesús esperó treinta. Si estás esperando, te hallas en muy buena compañía».

Pregunta 1: ¿Hay algo que desees que Dios haga *en este instante*, pero que sepas que él quiere que esperes?

Pregunta 2: Los meseros son los que esperan para servirnos. Hay gente que piensa que servir a Dios significa que no hagamos nada. Sin embargo, los momentos en que esperamos en Dios son los ideales para servirle. ¿Qué piensas que Dios quiere que hagas mientras esperas?

2.4: Por fe

Lee Hebreos 11 (llamado con frecuencia «El Salón de la Fama de la Fe»).

Sabemos que sin fe es imposible agradar a Dios (Hebreos 11.6). Además, Pablo nos enseñó que debemos caminar por fe y no por vista (2 Corintios 5.7).

Pregunta 1: ¿Cuál es el aspecto o la situación de tu vida que te está exigiendo más fe en estos momentos?

Pregunta 2: ¿Cuánta fe tienes de que Dios se involucre en esta situación? (Aunque no sea tanta, recuerda que Dios puede hacer mucho con muy poco. Lee Mateo 17.20).

2.5: «Una fe puesta a prueba»

Lee 1 Pedro 1.3-9.

A la mayoría de la gente no le gustan las pruebas. Sin embargo, la superación de una prueba es muchas veces lo que edifica nuestra fe y nos ayuda a seguir adelante en nuestra vida espiritual.

Pregunta 1: Describe un tiempo en el cual tu fe fue probada y finalmente fortalecida. ¿Tuviste momentos de duda mientras pasabas esa prueba? ¿Qué te mantuvo avanzando? ¿Cómo usó Dios esa prueba para hacer crecer tu fe?

Pregunta 2: ¿Estás pasando en estos momentos algo que podría ser una prueba? ¿Qué crees que te está mostrando Dios?

TERCERA PARTE: ESPERANZA Y GLORIA

3.1: Recuerda

Dios nos dice que recordemos quiénes éramos antes de conocer a Cristo (Efesios 2.11-13), que recordemos su pacto (1 Crónicas 16.15; Génesis 9.14-16; Salmos 111.5) y que recordemos la muerte y resurrección de Cristo (1 Corintios 11.24-26).

Lee Lamentaciones 3.21-24.

> Pero algo más me viene a la memoria,
> lo cual me llena de esperanza:
> El gran amor del Señor nunca se acaba,
> y su compasión jamás se agota.
> Cada mañana se renuevan sus bondades;
> ¡muy grande es su fidelidad!
> Por tanto, digo:

«El Señor es todo lo que tengo.

¡En él esperaré!».

—Lamentaciones 3.21-24, énfasis mío

Es evidente que a Dios le interesa que no nos olvidemos de recordar.

Pregunta 1: Describe quién y cómo eras antes de encontrarte con la gracia de Cristo. Describe cómo cambió tu vida gracias a lo que es Cristo y a lo que hizo por ti en la cruz.

Pregunta 2: ¿Cuáles son tus tres momentos divinos favoritos (esos momentos en los que sabías que Dios estaba contigo u obrando a tu favor, o revelándose a ti de una manera especial)?

3.2: Acepta

Habacuc oyó del Señor unas noticias difíciles. Aunque habría querido fingir que las cosas eran distintas, lo que más le convenía era aceptar la verdad y enfrentarse a la situación. No todo sale como nosotros desearíamos. Noé no quería que hubiera un diluvio. Jonás no soñaba con que se lo tragara un pez. David no soñaba tampoco en enfrentarse un día con un gigante. Alguien dijo: «Lo que niegues o ignores, lo retrasas. En cambio, lo que aceptes y enfrentes, lo vencerás». No tienes que comprender el porqué de algo para confiar en Dios y aceptar lo que él tiene en su corazón y cuáles son sus intenciones.

Pregunta 1: Hace poco leí una cita que decía: «La gracia consiste en aceptar lo que es, en lugar de resentirse por lo que no es». ¿Qué significa esto para ti?

Pregunta 2: Describe una realidad, presente o pasada, que tal vez hayas negado, pero que Dios quiere que aceptes.

3.3: Confía

Lee Habacuc 3.16-18.

> Al oírlo, se estremecieron mis entrañas;
>   a su voz, me temblaron los labios;
> la carcoma me caló en los huesos,
>   y se me aflojaron las piernas.
> Pero yo espero con paciencia
>   el día en que la calamidad
> vendrá sobre la nación que nos invade.
>   Aunque la higuera no florezca,
> ni haya frutos en las vides;
>   aunque falle la cosecha del olivo,
> y los campos no produzcan alimentos;
>   aunque en el aprisco no haya ovejas,
> ni ganado alguno en los establos;
>   aun así, yo me regocijaré en el Señor,
> ¡me alegraré en Dios, mi libertador
>
> —Habacuc 3.16-18

Me encantan la fe y la confianza de Habacuc. Esencialmente, lo que está diciendo es lo siguiente: «Aunque a mí no me guste, aunque no lo comprenda, aunque sepa que él podría y debería hacer algo, pero no lo ha hecho, con todo yo confiaré en el Señor mi Dios».

Pregunta 1: ¿De qué manera estás creciendo en tu fe para poder confiar en la naturaleza de Dios y no en tus circunstancias? Explica tu respuesta.

Pregunta 2: Habla en cuanto a un tiempo en el que te desilusionaban tus circunstancias, pero tenías fe y confianza en la bondad de Dios.

3.4: Ten esperanza

Después de enfrentarse a todos los desafíos que él sabía que se presentarían, Habacuc volvió por completo su corazón hacia Dios con esta declaración de fe: «El Señor omnipotente es mi fuerza; da a mis pies la ligereza de una gacela y me hace caminar por las alturas» (Habacuc 3.19).

> Pregunta 1: Describe qué es lo que te da esperanza para el futuro. ¿Son las promesas de la Palabra de Dios? ¿La fidelidad de Dios en el pasado? ¿Su gracia en tu presente? ¿Alguna otra cosa? Si no tienes esperanza para el futuro, sé sincero y habla sobre esto con alguien.
>
> Pregunta 2: Habacuc dijo que el Señor había hecho sus pies como los de una gacela, y eso le permitía caminar por nuevas alturas. ¿Te ha ayudado Dios a crecer en el pasado? ¿Qué sientes que Dios está haciendo con el fin de prepararte para el futuro?

3.5: Cree

En el libro de Proverbios se nos dice: «Donde no hay visión, el pueblo se extravía» (29.18). El poder de la esperanza tiene algo que nos nutre y nos capacita para perseverar. Hasta Jesús siguió adelante, dejando atrás su propia vacilación en el huerto de Getsemaní, fiel a Dios hasta su muerte en la cruz. ¿Qué le daba fuerzas para continuar? Hebreos dice que era «el gozo que le esperaba» (Hebreos 12.2). Es asombroso todo lo que podemos soportar cuando tenemos una razón para hacerlo.

> Pregunta 1: Si alguna vez te has sentido con deseos de echarlo todo a volar, de marcharte o de abandonarlo todo, ¿qué ha hecho que siguieras caminando?

Pregunta 2: Pablo afirma en Romanos 5.2-4: «Nos regocijamos en la esperanza de alcanzar la gloria de Dios. Y no solo en esto, sino también en nuestros sufrimientos, porque sabemos que el sufrimiento produce perseverancia; la perseverancia, entereza de carácter; la entereza de carácter, esperanza». Explica cómo has visto a Dios revelar esta verdad en tu vida.

Conclusión

En Romanos 8.28, Pablo nos dice: «Sabemos que Dios dispone todas las cosas para el bien de quienes lo aman, los que han sido llamados de acuerdo con su propósito». A veces, cuando nos hallamos en medio de las pruebas, se nos dificulta ver lo bueno. Sin embargo, después que pasa el tiempo, es frecuente que podamos reflexionar y ver cómo la amorosa bondad de Dios le ha abierto camino a algo bueno a través de nuestro sufrimiento.

Pregunta 1: Al reflexionar sobre tu vida, ¿cómo puedes ver ahora que Dios estaba obrando fielmente para tu bien durante una temporada de dificultades o de luchas?

Pregunta 2: A partir de la forma en que has visto a Dios sacar algo bueno de tu pasado, ¿qué piensas que pudiera estar haciendo en tu presente para ayudarte a convertirte en alguien más semejante a Cristo?

Reconocimientos

Deseo expresar mi más profunda gratitud a todos los amigos que me ayudaron a hacer posible este libro.

Amy Groeschel, servir contigo a Jesús es mi parte favorita de la vida.

Catie (y Andrew), Mandy (y James), Anna, Sam, Stephen y Joy, todos ustedes sirven a nuestro Salvador. Me dan gozo. Me hacen sentir orgulloso.

Dudley Delffs, ¿cuántos libros hemos hecho juntos? Me siento agradecido por cada uno de ellos, porque he aprendido a estimarte cada vez más con cada uno de esos proyectos.

David Morris, Lyn Cryderman, Brandon Henderson, Tom Dean, John Raymond, Brian Phipps y todo el equipo de Zondervan, es un verdadero honor publicar mis obras con ustedes. Con la labor que realizan, ustedes honran a Jesús, y eso se nota con claridad.

Tom Winters, eres un gran amigo y un agente brillante.

Brannon Golden, tu familia me inspira. Y tu corrección de estilo es temiblemente buena.

Tanner Keim, gracias por cubrir tantos detalles y por servir con pasión a nuestra iglesia. Eres un ayudante locamente bueno. (Yo te dije que lo serías).

Y Adrianne Manning, nunca podrás dejar mi oficina; de hacerlo, tendría que irme contigo. Tu familia es mi familia. Este libro es para ti.

Si alguna vez has dudado o te has preguntado si Dios estaba contigo en medio de las circunstancias difíciles de tu vida, *Esperanza en la oscuridad* es el aliento bíblico que desesperadamente necesitabas.

— **Lysa TerKeurst,** autora superventas del *New York Times;* presidenta de Ministerios Proverbios 31

Si estás buscando la esperanza, el primer paso será buscar en los lugares adecuados. El nuevo libro de Craig Groeschel, *Esperanza en la oscuridad,* no solo te muestra dónde buscar, sino también te recordará que realmente nunca has estado solo, incluso cuando estabas en la oscuridad.

—**Steven Furtick,** pastor, Elevation Church; autor superventas del *New York Times*

Con misericordia, empatía y una fe bien fundada, Craig Groeschel, de una manera maestra, cautiva nuestros corazones al responder la invitación incesante de Jesús para ser honestos y plantear las preguntas más difíciles. Entonces, tratando con valentía el dolor inexplicable que experimentamos cuando nos sacude la tragedia y la vida nos parece injusta, Craig nos dirige a través del proceso de entregarnos a los brazos de Jesús, confiar en Dios de nuevo y acercarnos más cerca de él. Nos ayuda a tornar nuestras dudas en determinación, nuestros temores en fe y nuestras preguntas en paz. Es un mensaje tan bien atendido que nunca lo olvidarás.

—**Christine Caine,** autora superventas; fundadora de A21 y Propel Women

Las palabras del pastor Craig son proféticas, cariñosas, sanadoras y profundamente conmovedoras. Palabras preparadas y equipadas con las pautas de la Palabra para esos momentos de oscuridad y dolor nos permiten atravesarlos y mantenernos en la esperanza que tenemos en Jesús; y Craig ilumina el camino para que estemos preparados cuando ese tiempo llegue. No hay mejor testimonio que el que se presenta en este libro, que Dios es bueno y que está siempre presente en nuestro dolor.

—**Jefferson Bethke,** autor superventas del
New York Times de *Jesus > Religion*